Sekundarstufe

Friedhelm Heitmann

Stationenlernen Kontinente

Australien & Ozeanien

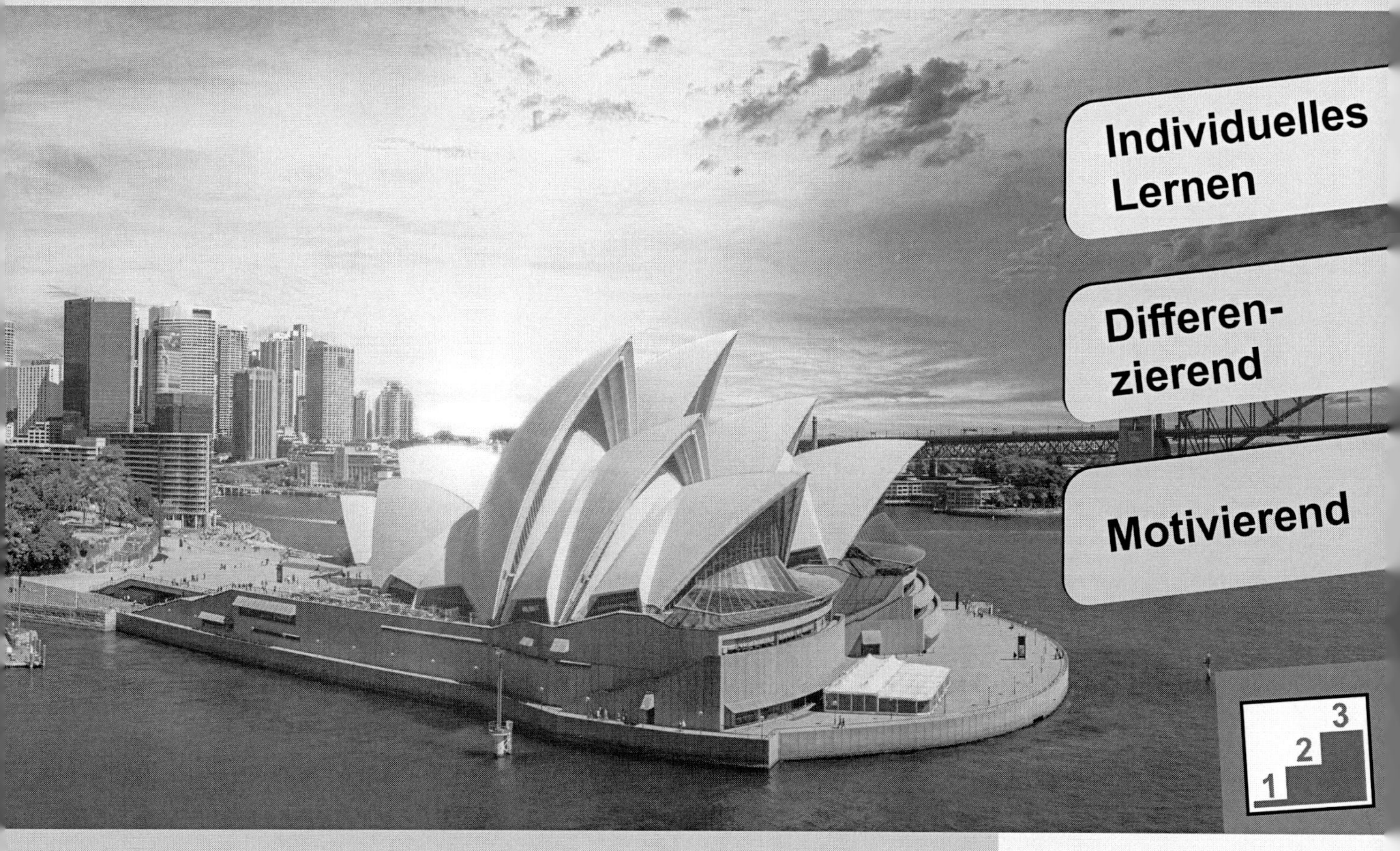

Individuelles Lernen

Differenzierend

Motivierend

- Übersichtliche Aufgabenkarten
- Schnelle Vorbereitung
- Mit Lösungen zur Selbstkontrolle

www.kohlverlag.de

Stationenlernen Kontinente

Australien & Ozeanien

1. Auflage 2022

Inhalt: Friedhelm Heitmann
Coverbild: © ingusk - AdobeStock.com
Redaktion: Kohl-Verlag
Grafik & Satz: Simone Demler / Kohl-Verlag
Druck: farbo prepress GmbH, Köln

Bestell-Nr. 12 774

ISBN: 978-3-98558-172-6

Bildquellen © Adobe.Stock.com

S. 7+8: Juulijs; S. 11+15+16: Silvio; S. 12: stringerphoto, noche; S. 15: Richard; S. 16: Ingo Menhard; S. 17: designua; S. 18: Manuel Mata; S. 19: Emil; S. 22: Michael Evans; S. 24: Radoslav Cajkovic, trentinness; S. 25: Christoph, Mitchell, Beatriz, lori; S. 26: tasmanischer teufel, Rafael Ben-Ari; S. 27: acrogame; S. 30: Ron van der Stappen, rashmisingh, artepicturas, Rafael Ben-Ari; S. 31: tatoman; S. 32: dimedrol68, Alexander Belinskiy; S. 33: ekyaky; S. 34: Sharon Jones; S. 37: cool chap; S. 38: whitcomberd; S. 39: peterswelt.reisen, Dr. Jürgen Tenckhoff; S. 40: Juergen; S. 41+42: Ingo Menhard; S. 44: MNStudio, markrhiggins; S. 45: visdia, ddraw; S. 46: Ramunas, Peter Hermes Furian; S. 47+48: tolly65, Alan Smithers, Matthew, Roman Nikau, Sean, Aleksei, Hendrik, Maridav; S. 49: diez-artwork; S. 50: Carola Vahldiek; S. 51: lana_samcorp; S. 52: bomboman, Visual Generation, tynyuk; S. 53: Stillfx; S. 54: lesniewski; S. 55: Worawat; S. 56: haulo; S. 57: aussieanouk; S. 58: slowmotiongli; S. 59: John; S. 60: designua; S. 62: Sutana

Bildquellen © wikipedia

S. 13+14: CIA World Factbook; S. 20: User-Jailbird; S. 26: BS Turner Hof, Gregg Yan; S. 35: Lencer; S. 36: Defence_Force_Sodacan; S. 38: ARM; S. 42: Gabriella Jacobi; S. 47+48: MMFrancis; S. 50: Wamito; S. 58: Steve Evans; S. 62: Tschubby

Inhalt

Einsatz der Materialien

Liebe Kolleginnen, liebe Kollegen,

jeder Kontinent hat seine Eigenart und Faszination. Das trifft ganz besonders auf Australien und Ozeanien zu, den kleinsten Erdteil. Im vorliegenden Band geht es darum, diesen Erdteil näher kennenzulernen. Vermittelt sowie überprüft werden grundlegende Kenntnisse und Erkenntnisse.

Vielfältige Materialien mit abwechslungsreichen Aufgaben hält der Band bereit. Hauptsächlich bestimmt ist er für den Einsatz in der Sekundarstufe I. Entworfen und gestaltet ist das Werk als Stationenlernen. Damit unterscheidet sich das Werk vom ebenfalls von Friedhelm Heitmann verfassten Band „Australien & Ozeanien – Der kleinste Kontinent“[1]. Zu wünschen ist, dass beide Bände dazu beitragen, die geographische Allgemeinbildung der Heranwachsenden sowie Erwachsenen zu verbessern.

Für Hinweise auf etwaige Fehler im präsentierten Band sei vorweg gedankt, ebenfalls für sonstige Verbesserungsvorschläge zum Werk. Viele Erfolge beim Einsatz der dargebotenen Materialien erhoffen für Sie das Team des Kohl-Verlags und

Friedhelm Heitmann

Bemerkungen zum Stationenlernen

Stationenlernen ist eine Form des offenen, selbstständigen Unterrichts. Von daher ist der dargebotene Band methodisch aufgeteilt in diverse Lernstationen. Die Schüler soll(t)en dabei die Möglichkeit haben auszuwählen, in welcher Reihenfolge sie die Materialien der einzelnen Lernstationen lesen und die zugehörigen Aufgaben bearbeiten. Auf der Seite 5 stehen jeweils Angaben zur Niveaustufe der jeweiligen Informations- sowie Arbeitsblätter. Es gibt Informations- und Arbeitsblätter der drei Niveaustufen:

⊙ = Grundlegendes Niveau   ! = Mittleres Niveau   ✶ = Erweitertes Niveau

Die erfolgte Zuordnung jedes Informations- und Arbeitsblattes zu einer bestimmten Niveaustufe beruht auf Einschätzungen, ist also letztlich subjektiv. Die Lehrkräfte kommen möglicherweise zu anderen Bewertungen des Niveaus der einzelnen Informations- und Arbeitsblätter und können dementsprechend Veränderungen vornehmen. Auch bleibt es den Lehrkräften überlassen, welche Informations- sowie Arbeitsblätter sie den Schülern anbieten und wie viele Lernstationen gebildet werden.

Symbole: ⊙ Grundlegendes Niveau   ! Mittleres Niveau   ✶ Erweitertes Niveau

Schreibe in dein Heft/deinen Ordner oder auf ein Extrablatt.

[1] Friedhelm Heitmann: Australien & Ozeanien – Der kleinste Kontinent – Wissenswertes und Interessantes über den kleinsten Kontinent auf unserem Planeten; Kerpen (Kohl-Verlag); erstmals veröffentlicht 2014, Bestell-Nr. 11559

Aufgrund der besseren Lesbarkeit wird im Folgenden die männliche Form Schüler bzw. Lehrer verwendet. Gemeint sind damit jedoch sowohl die weiblichen, als auch die männlichen Personen.

Übersicht

Die folgende Übersicht weist ganz bewusst keine Durchnummerierung der Lernstationen auf, damit die Lehrkräfte selbst entscheiden können, welche Lernstationen den Schülern angeboten werden und welche Nummer die jeweils ausgesuchte Lernstation erhalten soll.

Name der Lernstation	Niveau	Seite
Australien und Ozeanien – ein (erster) Überblick	⊙	7-8
Ozeanien	!	9-10
Die unabhängigen, souveränen Staaten des Kontinents A & O	⊙	11-12
Australien und Ozeanien (Karte)	⊙	13-14
Besitzungen der USA, Frankreichs, Großbritanniens, Chiles sowie Indonesiens auf dem Kontinent A & O	⊙	15-16
Höhenverhältnisse auf dem Kontinent A & O	!	15-16
Geologie (= Erdgeschichte) – ein Textpuzzle	!	17-18
Die Datumsgrenze	⊙	19-20
Klima des Kontinents A & O	⊙	21-22
Zur Vegetation des Kontinents A & O	⊙	23-24
Zur Tierwelt des Kontinents A & O	!	25-26
Geschichte	⊙	27-28
Zur Bevölkerung in Australien und Ozeanien	⊙	29-30
Australien für Spezialisten	✶	31-32
Neuseeland für Kenner	✶	33-34
Papua-Neuguinea	!	35-36
Korallenriffe, Koralleninseln, Atolle	⊙	37-38
Osterinsel	✶	39-40
Nicht Tohuwabohu, sondern Tuvalu	✶	41-42
Hawaii-Inseln	⊙	43-44
Zur Wirtschaft in Australien und Ozeanien	!	43-44
Eine Rundreise durch Australien und Ozeanien	✶	45-46
Sehenswürdigkeiten des Kontinents A & O	⊙	47-48
Südsee	!	49-50
Tourismus in Australien und Ozeanien	✶	51-52
Top (= Spitze) in Australien und Ozeanien	⊙	51-52
Naturereignisse in Australien und Ozeanien	✶	53-54
Ozeanien – was ist was?	!	55-56
Schlagwörter über Australien und Ozeanien	!	57-58
Viermal „Warum ...?“	✶	59-60
Steckbrief eines Staates aus Australien und Ozeanien	✶	61-62
Wer wird Quiz-Champion? (A & O 1)	!	63
Wer wird Quiz-Champion? (A & O 2)	!	64

Name: ______________________________ Datum: ________________

Laufzettel zu den Lernstationen

⊙ Grundlegendes Niveau

Station	Stationsname	erledigt	korrigiert

! Mittleres Niveau

Station	Stationsname	erledigt	korrigiert

✶ Erweitertes Niveau

Station	Stationsname	erledigt	korrigiert

Australien und Ozeanien – ein (erster) Überblick

Der Kontinent Australien und Ozeanien (= A & O) setzt sich zusammen aus dem Festland Australien sowie etwa 7 500 Inseln. Von diesen Inseln sind ca. 2 100 bewohnt durch Menschen. Die größte dieser Inseln ist Neuguinea (= zweitgrößte Insel der Erde). Mit einer Landfläche von fast 9 Mio. km² bildet der Kontinent A & O den kleinsten Erdteil der Erde.

Der Name Australien stammt aus der lateinischen Sprache: terra australis (lat.) = Südland. Mit Ozeanien sind Inseln im Pazifischen Ozean gemeint. Ozeanien lässt sich aufteilen in die 3 großen Gebiete Mikronesien, Melanesien und Polynesien. In Australien und Ozeanien bestehen derzeit 14 unabhängige Staaten. Im Weiteren gibt es auf diesem Erdteil Besitzungen der Staaten USA, Großbritannien, Frankreich und Chile. Der westliche Teil der größten Insel Neuguinea gehört zu Indonesien.

Aufgabe: *Ergänze die folgenden Sätze mit den fehlenden Angaben!*

1) Der Kontinent A & O setzt sich zusammen aus den 2 Teilen:

____

2) Ungefähr so viele Inseln des Kontinents A & O sind bewohnt: ________________

3) Nicht bewohnt sind etwa so viele Inseln des Kontinents A & O: ________________

4) Die größte Insel Ozeaniens heißt: ________________

5) Insgesamt weist der Kontinent A & O eine Flächengröße auf von: ________________

6) Im Vergleich zu anderen Erdteilen ist der Kontinent A & O: ________________

7) Von daher kommt der Name Australien:

____

8) Ozeanien lässt sich gliedern in: ________________

9) Es gibt in Australien und Ozeanien: ________________

10) Diese Staaten haben Besitzungen in Australien und Ozeanien:

____

____

____

Indigener Einwohner Neuseelands

KOHL VERLAG STATIONENLERNEN KONTINENTE Australien & Ozeanien – Bestell-Nr. 12 774

Australien und Ozeanien – ein (erster) Überblick

Lösungen

Aufgabe:

1) Der Kontinent A & O setzt sich zusammen aus den 2 Teilen:
aus dem Festland Australien und ca. 7 500 Inseln

2) Ungefähr so viele Inseln des Kontinents A & O sind bewohnt:
etwa 2 100 Inseln

3) Nicht bewohnt sind etwa so viele Inseln des Kontinents A & O:
ungefähr 5 400 Inseln

4) Die größte Insel Ozeaniens heißt: Neuguinea

5) Insgesamt weist der Kontinent A & O eine Flächengröße auf von:
fast 9 Mio. km^2

6) Im Vergleich zu anderen Erdteilen ist der Kontinent A & O: am kleinsten

7) Von daher kommt der Name Australien:
von der lateinischen Bezeichnung terra australis = Südland

8) Ozeanien lässt sich gliedern in: Mikronesien, Melanesien und Polynesien

9) Es gibt in Australien und Ozeanien: 14 unabhängige Staaten

10) Diese Staaten haben Besitzungen in Australien und Ozeanien:
USA, Großbritannien, Frankreich, Chile und Indonesien

Polynesische Kunsterzeugnisse

Ozeanien

!

Geographisch wird Ozeanien unterteilt in die 3 Großregionen Mikronesien, Melanesien sowie Polynesien. Mikronesien bildet die nordwestliche Großregion, Melanesien die südwestliche Großregion und Polynesien die zentrale und östliche Großregion. Von der Landfläche her ist Melanesien am größten. Zu Melanesien gehört u. a. die große Insel Neuguinea. Die größte Meeresfläche Ozeaniens weist Polynesien auf. Polynesien umfasst die Fläche im Dreieck Neuseeland – Osterinsel – Hawaii-Inseln (= polynesisches Dreieck genannt).

Die Bezeichnungen Mikronesien, Melanesien und Polynesien haben ihren Ursprung in der griechischen Sprache.

Mikronesien heißt in die deutsche Sprache übersetzt so viel wie „kleine Inseln".
[*mikros* (grie.) = klein; *nesoi* (grie.) = Inseln]

Polynesien bedeutet „viele Inseln". [*poly* (grie.) = viel; *nesoi* (grie.) = Inseln]

Die Übersetzung von Melanesien lautet „schwarze Inseln". [*melas* (grie.) = schwarz;
nesoi (grie.) = Inseln] Erklärt wird der Name Melanesien mit der schwarzen bzw. dunklen Hautfarbe der Bewohner und mit den dunklen Regenwäldern.

Melanesien bildet einen Inselbogen, eine Inselreihe – reichend von Neuguinea im Nordwesten bis zu den Fidschi-Inseln im Südosten. Durchzogen wird Melanesien zumeist von hohen Faltengebirgen. Abgesehen von Neuseeland handelt es sich bei den meisten Inseln Polynesiens sowie Mikronesiens um vulkanische Inseln und/oder Koralleninseln.

Aufgaben:

1) Erläutere jeweils die geographische Lage von Mikronesien, Melanesien und Polynesien.

____

____

2) Erkläre die Herkunft sowie die Bedeutung der Bezeichnungen Mikronesien, Melanesien und Polynesien.

____

____

____

3) Was lässt sich über den naturgeographischen Aufbau der 3 Großregionen sagen?

____

____

____

4) In welche der 3 genannten Großregionen würdest du am liebsten reisen? Begründe deine Wahl.

____

____

____

KOHL VERLAG Lernen mit Erfolg STATIONENLERNEN KONTINENTE Australien & Ozeanien – Bestell-Nr. 12 774

Ozeanien

!

Lösungen

Aufgaben:

1) Mikronesien heißt die nordwestliche Großregion in Ozeanien, Melanesien die südliche Großregion, Polynesien die zentrale und östliche Großregion.

2) Mikronesien bedeutet übersetzt „kleine Inseln“, Polynesien „viele Inseln“ und Melanesien „schwarze Inseln“. Die Begriffe Mikronesien, Polynesien sowie Melanesien stammen aus der griechischen Sprache.

3) Melanesien bildet einen Inselbogen (= Inselreihe), zumeist durchzogen von hohen Faltengebirgen. Mit Ausnahme von Neuseeland sind die meisten Inseln Polynesiens sowie Mikronesiens vulkanische Inseln und/oder Koralleninseln.

4) Individuelle Lösungen

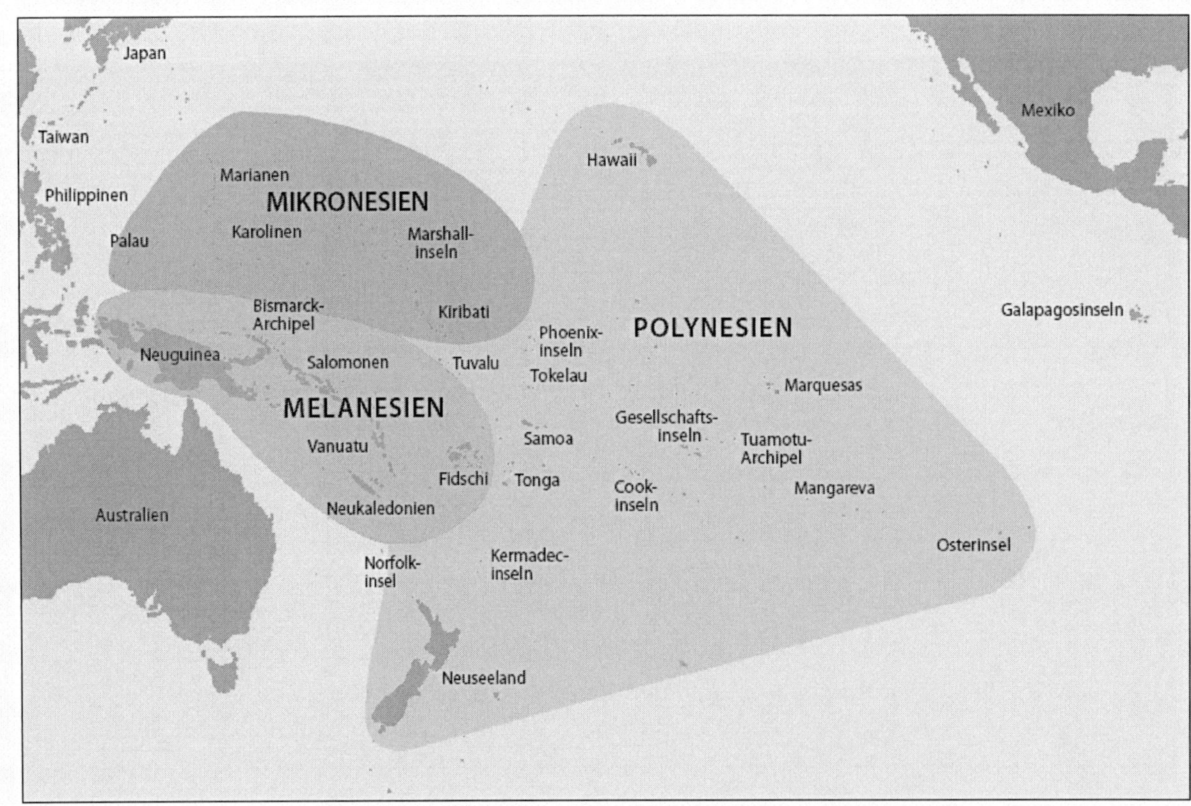

KOHL VERLAG STATIONENLERNEN KONTINENTE – Australien & Ozeanien – Bestell-Nr. 12 774

Die unabhängigen, souveränen Staaten des Kontinents A & O ✶

Aufgabe: *Trage die folgenden 12 Wörter in die Lücken der späteren Sätze ein.*

Australien – Empire – Flächengrößen – Großbritannien – Küstenstaaten – Millionen – Monarchie – Nauru – Neuseeland – Papua-Neuguinea – Republiken – Tuvalu

1) Alle Staaten liegen am Meer, sind also ________________.
2) Der (weitaus) flächengrößte Staat dieses Erdteils ist ________________ (ca. 7,68 Mio. km^2), gefolgt von Papua-Neuguinea (ca. 0,46 Mio. km^2) und Neuseeland (ca. 0,27 Mio. km^2).
3) Abgesehen von ________________, das an Indonesien grenzt, hat kein anderer Staat des Kontinents A & O eine unmittelbare Landesgrenze mit einem anderen Staat.
4) Die weiteren Staaten des Kontinents weisen erheblich kleinere ________________ auf.
5) Die Flächengrößen der beiden kleinsten Staaten betragen nur ca. 26 km^2 (Tuvalu) und ca. 21 km^2 (________________).
6) Damit ist Nauru der drittkleinste, ________________ der viertkleinste Staat auf der Erde.
7) Während in Australien mittlerweile über 25 ________________ Menschen leben, liegt die Einwohnerzahl der zwei kleinsten Staaten des Erdteils bei jeweils weniger als 15 000.
8) Mit Ausnahme von Tonga befanden sich alle Gebiete der heute unabhängigen, souveränen Staaten ehemals im Kolonialbesitz, die allermeisten gehörten zum britischen ________________.
9) Australien und ________________ wurden im ersten Jahrzehnt des 20. Jahrhunderts unabhängige Staaten, die sonstigen Länder erst in der zweiten Hälfte jenes Jahrhunderts.
10) Zur Staatsform parlamentarische ________________ (= Königreich) bekennen sich Australien, Neuseeland, Papua-Neuguinea, Salomonen, Tuvalu und Tonga.
11) In Australien, Neuseeland, Papua-Neuguinea, Salomonen und Tuvalu amtiert dieselbe Person als Staatsoberhaupt wie in ________________.
12) Die übrigen Staaten des Kontinents A & O sind ________________ (= Volksstaaten).

Hinweis: Auch die Cook-Inseln bilden einen selbstständigen Staat. Dieser nimmt jedoch eine Sonderstellung ein. Die Cook-Inseln sind frei assoziiert (= verbunden) mit Neuseeland und werden in manchen Angelegenheiten durch Neuseeland vertreten bzw. (finanziell) unterstützt.

Briefmarken

Die unabhängigen, souveränen Staaten des Kontinents A&O

Lösungen

Aufgabe:

1) Alle Staaten liegen am Meer, sind also Küstenstaaten.
2) Der (weitaus) flächengrößte Staat dieses Erdteils ist Australien (ca. 7,68 Mio. km^2), gefolgt von Papua-Neuguinea (ca. 0,46 Mio. km^2) und Neuseeland (ca. 0,27 Mio. km^2).
3) Abgesehen von Papua-Neuguinea, das an Indonesien grenzt, hat kein anderer Staat des Kontinents A & O eine unmittelbare Landesgrenze mit einem anderen Staat.
4) Die weiteren Staaten des Kontinents weisen erheblich kleinere Flächengrößen auf.
5) Die Flächengrößen der beiden kleinsten Staaten betragen nur ca. 26 km^2 (Tuvalu) und ca. 21 km^2 (Nauru).
6) Damit ist Nauru der drittkleinste, Tuvalu der viertkleinste Staat auf der Erde.
7) Während in Australien mittlerweile über 25 Millionen Menschen leben, liegt die Einwohnerzahl der zwei kleinsten Staaten des Erdteils bei jeweils weniger als 15 000.
8) Mit Ausnahme von Tonga befanden sich alle Gebiete der heute unabhängigen, souveränen Staaten ehemals im Kolonialbesitz, die allermeisten gehörten zum britischen Empire.
9) Australien und Neuseeland wurden im ersten Jahrzehnt des 20. Jahrhunderts unabhängige Staaten, die sonstigen Länder erst in der zweiten Hälfte jenes Jahrhunderts.
10) Zur Staatsform parlamentarische Monarchie (= Königreich) bekennen sich Australien, Neuseeland, Papua-Neuguinea, Salomonen, Tuvalu und Tonga.
11) In Australien, Neuseeland, Papua-Neuguinea, Salomonen und Tuvalu amtiert dieselbe Person als Staatsoberhaupt wie in Großbritannien.
12) Die übrigen Staaten des Kontinents A & O sind Republiken (= Volksstaaten).

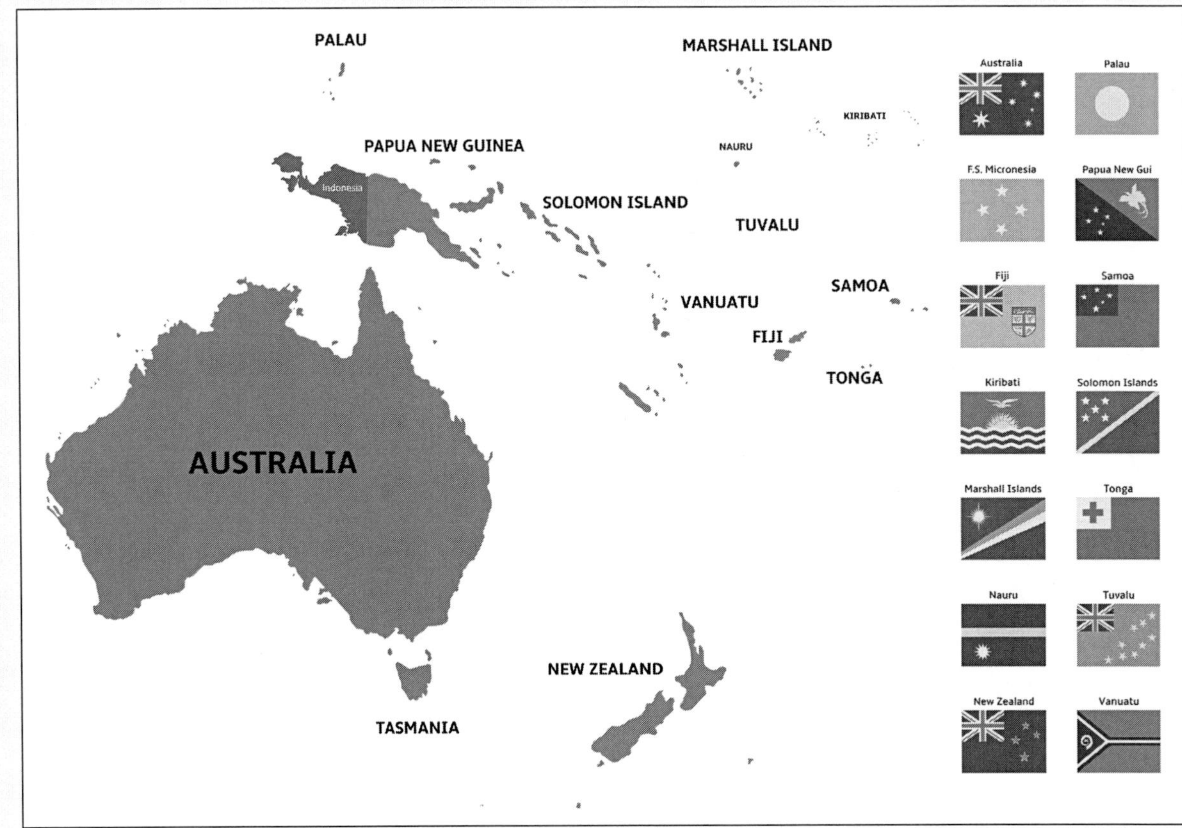

Australien und Ozeanien (Karte)

Aufgabe:

Umkreise in der Karte farbig die ungefähre geographische Lage der 14 auf dem Erdteil A & O gelegenen unabhängigen, souveränen Staaten. Rechts sind die deutschen Namen genannt, in der Karte stehen jedoch die englischen. Als Hilfe findest du unten die 14 englischen Bezeichnungen.

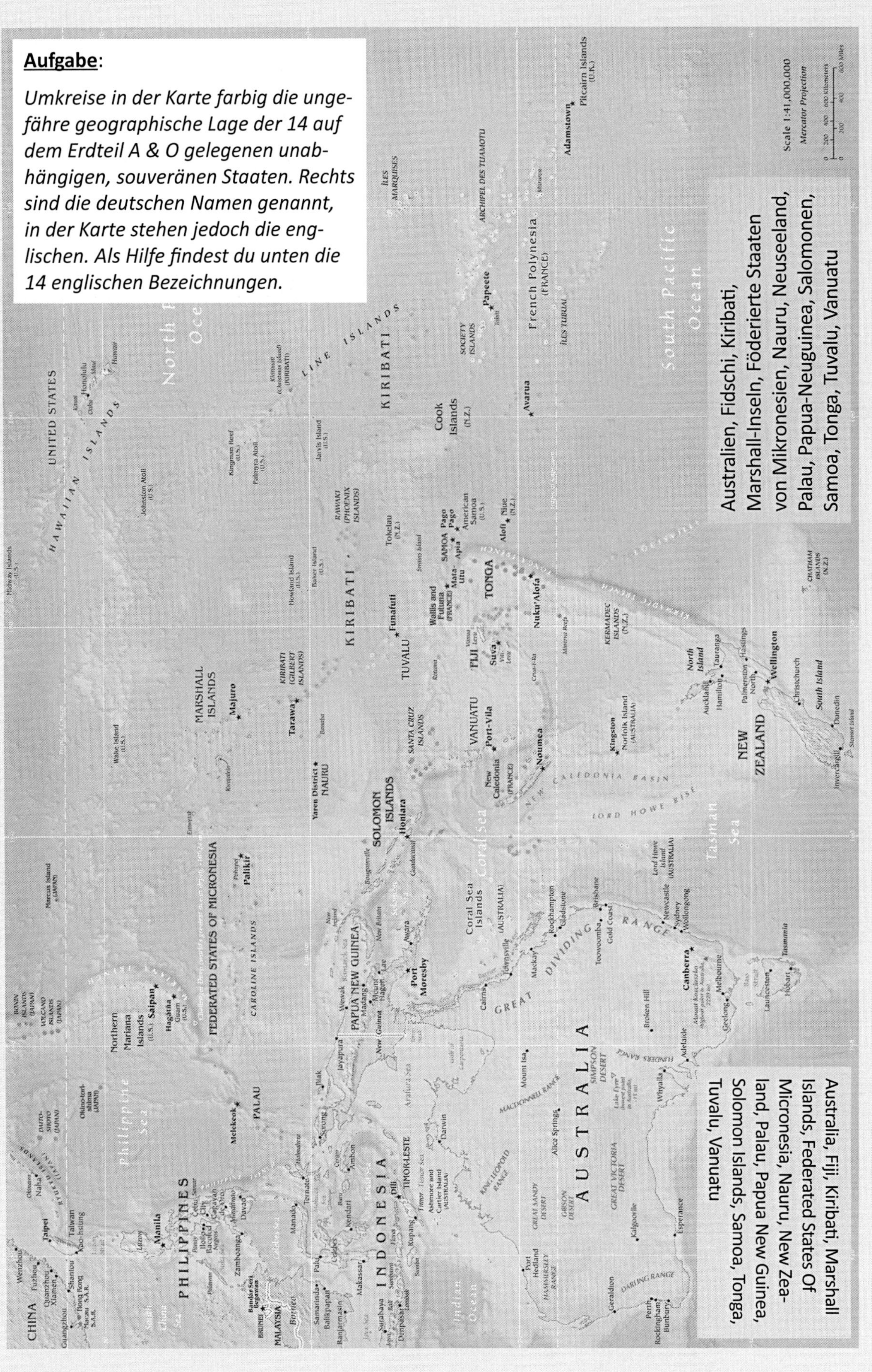

Naturgeographie Asiens (Karte)

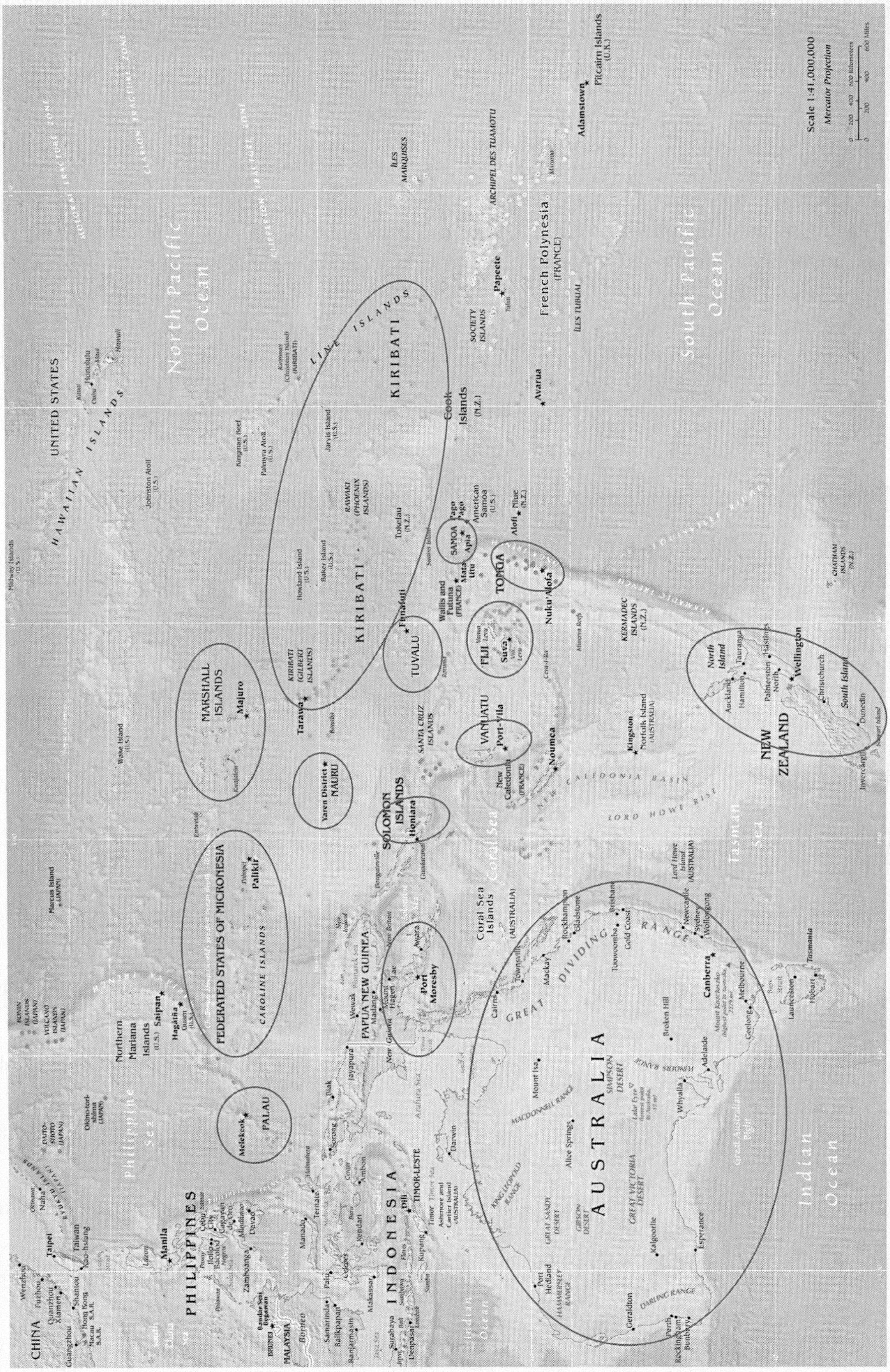

Australien & Ozeanien

Lösungen

Besitzungen der USA, Frankreichs, Großbritanniens, Chiles sowie Indonesiens auf dem Kontinent A & O

Aufgabe: *Stelle per Internet fest, welche Besitzungen die genannten Staaten (noch) heutzutage in Australien und Ozeanien haben.*

1) Besitzungen der USA:

- ____________________,
- ____________________,
- ____________________,
- ____________________,
- ____________________,
- ____________________,

2) Besitzungen Frankreichs:

- ____________________,
- ____________________,
- ____________________,
- ____________________,

3) Besitzung Großbritanniens:

- ____________________

4) Besitzung Chiles:

- ____________________

5) Besitzung Indonesiens:

- ____________________

Briefmarke

Höhenverhältnisse auf dem Kontinent A & O

!

Zu lesen ist: Die durchschnittliche Höhe des Erdteils A & O liegt bei ca. 340 m. Damit sind Australien und Ozeanien sowie Europa die beiden niedrigsten Kontinente der Erde. Der höchste Berg des Kontinents A & O ist der Puncak Jaya im Westen Neuguineas (in Indonesien) mit 4 884 m. Der höchste Berg Australiens weist eine Höhe von 2 228 m auf, derjenige Neuseelands von 3 724 m und derjenige der Hawaii-Inseln von 4 205 m.

Puncak Jaya

Demgegenüber sind andere Gebiete des Kontinents (weitaus) tiefer gelegen, ja (relativ) flach. Die flächengrößte Tiefebene ist das Australische Tiefland. Aus dem Pazifischen Ozean ragen etliche Inseln nur knapp empor. Sie sind davon bedroht, durch den aufgrund des Klimawandels steigenden Meeresspiegel überschwemmt zu werden und als Inseln zu verschwinden.

Zwei Beispiele:

- Derzeit liegen die Inseln des Staates Tuvalu maximal ungefähr 5 m über dem Meeresspiegel.
- Die höchste Erhebung der Marshall-Inseln befindet sich lediglich in etwa 10 m über dem Meeresspiegel.

Aufgabe: *Schreibe den Inhalt des vorherigen Textes in Stichwörtern auf.*

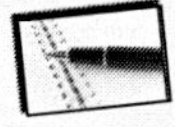

Besitzungen der USA, Frankreichs, Großbritanniens, Chiles sowie Indonesiens auf dem Kontinent A & O

Australien & Ozeanien

Lösungen

Aufgabe:

1) Besitzungen der USA:
- Nördliche Marianen,
- Guam,
- Johnston-Insel,
- Howland-Insel,
- Hawaii-Inseln,
- Amerikanisch-Samoa
- ...

2) Besitzungen Frankreichs:
- Neukaledonien,
- Wallis und Fortuna,
- Französisch-Polynesien,
- Clipperton-Insel

3) Besitzung Großbritanniens:
- Pitcairninseln

4) Besitzung Chiles:
- Osterinsel

5) Besitzung Indonesiens:
- westlicher Teil der Insel Neuguinea

Briefmarke

Höhenverhältnisse auf dem Kontinent A & O

!

Australien & Ozeanien

Lösungen

Aufgabe:

- durchschnittliche Höhe des Erdteils A & O = 340 m
- Australien und Ozeanien sowie Europa = die 2 niedrigsten Kontinente
- höchster Berg des Kontinents A & O = 4 883 m (gelegen auf der Insel Neuguinea)
    - höchster Berg Australiens = 2 228 m,
    - höchster Berg Neuseelands = 3 724 m,
    - höchster Berg der Hawaii-Inseln = 4 205 m
- viele Gebiete des Kontinents = (relativ) flach
- Australisches Tiefland = flächengrößte Tiefebene des Erdteils
- Viele Inseln liegen nur knapp über dem durch den Klimawandel steigenden Meeresspiegel:
    - z. B. Tuvalu maximal ca. 5 m über dem Meeresspiegel,
    - Marshall-Inseln höchstens ca. 10 m über dem Meeresspiegel

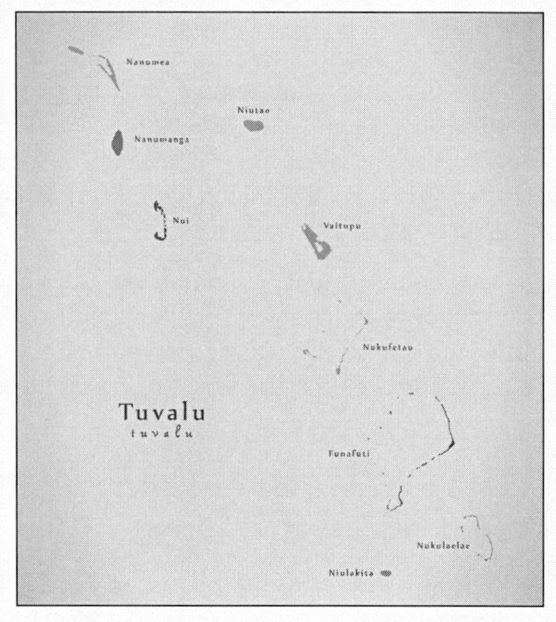

Geologie (= Erdgeschichte) – ein Textpuzzle

!

Aufgaben: **a)** *Bringe die nachfolgenden 10 Sätze in die richtige (chrono)logische Reihenfolge, sodass sich ein sinnvoller Text ergibt. Nummeriere die Sätze dementsprechend links mit den Zahlen von 1-10.*

	Vielmehr handelt es sich um vulkanische Erhebungen.
	Im Erdmittelalter zerfielen Laurasia und Gondwana[land] in einzelne Kontinente.
	Pangaea spaltete sich aufgrund von Bewegungen aus dem Erdinneren durch endogene Kräfte in die 2 Landmassen Laurasia (= Nordkontinent) und Gondwana[land] (= Südkontinent) auf.
	Diese reichen bis kurz unterhalb der Wasseroberfläche oder ragen darüber hinaus.
	Die allermeisten Inseln Ozeaniens stammen jedoch nicht von ehemaligen Festlandmassen.
	Einst bestand auf der Erdoberfläche nur ein sehr großer Kontinent (= Urkontinent), auch Pangaea genannt.
	Oftmals liegt oben auf den vulkanischen Erhebungen im Meeresbereich durch Korallen entstandenes Kalkgestein.
	Laurasia enthielt den alten Kern von Nordamerika, Mittelamerika, Europa und Asien, während Gondwana[land] den alten Kern von Südamerika, Afrika, Vorderindien, Australien sowie Antarktika umfasste.
	Die Inseln Neuguinea und Tasmanien waren noch während der letzten Eiszeit mit dem Festland Australien verbunden, da der damalige Meeresspiegel erheblich tiefer lag als heute.
	Die Festlandsmasse Australien bildete sich zusammenhängend mit Neuguinea, Tasmanien, der Lord-Howe-Schwelle, Neukaledonien und Neuseeland heraus.

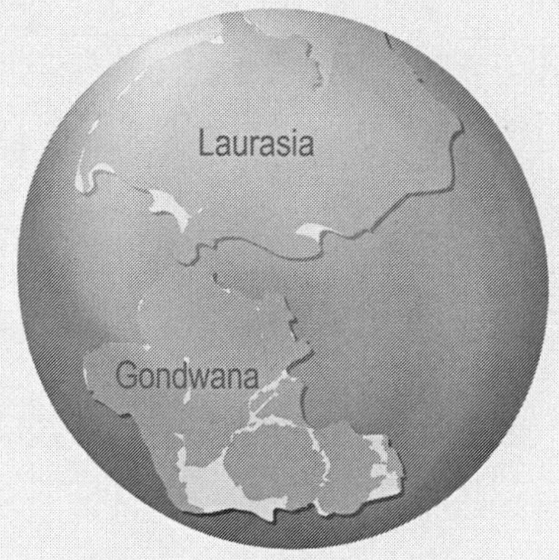

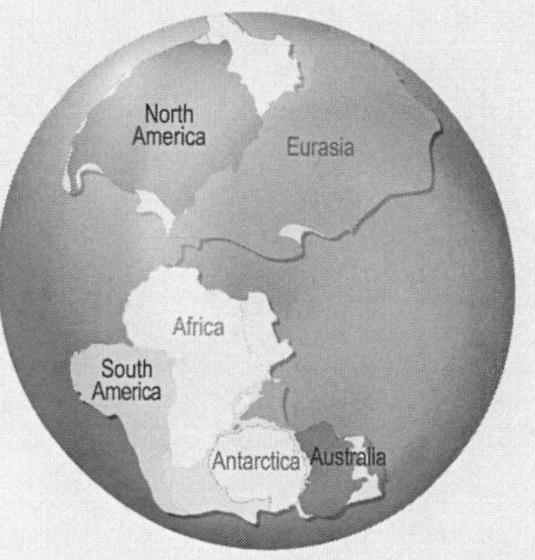

b) *Schreibe nun die 10 Sätze in der richtigen (chrono)logischen Reihenfolge vollständig auf.*

____

____

____

____

____

____

KOHL VERLAG Lernen mit Erfolg STATIONENLERNEN KONTINENTE Australien & Ozeanien – Bestell-Nr. 12 774

Geologie (= Erdgeschichte) – ein Textpuzzle

!

Lösungen

Aufgaben:

1	Einst bestand auf der Erdoberfläche nur ein sehr großer Kontinent (= Urkontinent), auch Pangaea genannt.
2	Pangaea spaltete sich aufgrund von Bewegungen aus dem Erdinneren durch endogene Kräfte in die 2 Landmassen Laurasia (= Nordkontinent) und Gondwana[land] (= Südkontinent) auf.
3	Laurasia enthielt den alten Kern von Nordamerika, Mittelamerika, Europa und Asien, während Gondwana[land] den alten Kern von Südamerika, Afrika, Vorderindien, Australien sowie Antarktika umfasste.
4	Im Erdmittelalter zerfielen Laurasia und Gondwana[land] in einzelne Kontinente.
5	Die Festlandsmasse Australien bildete sich zusammenhängend mit Neuguinea, Tasmanien, der Lord-Howe-Schwelle, Neukaledonien und Neuseeland heraus.
6	Die Inseln Neuguinea und Tasmanien waren noch während der letzten Eiszeit mit dem Festland Australien verbunden, da der damalige Meeresspiegel erheblich tiefer lag als heute.
7	Die allermeisten Inseln Ozeaniens stammen jedoch nicht von ehemaligen Festlandmassen.
8	Vielmehr handelt es sich um vulkanische Erhebungen.
9	Diese reichen bis kurz unterhalb der Wasseroberfläche oder ragen darüber hinaus.
10	Oftmals liegt oben auf den vulkanischen Erhebungen im Meeresbereich durch Korallen entstandenes Kalkgestein.

KOHL VERLAG STATIONENLERNEN KONTINENTE Australien / Ozeanien ■ Bestell-Nr. 12 774

Die Datumsgrenze

Aufgabe: *In den nachfolgenden 12 Sätzen fehlt jeweils das letzte Wort. Setze die passenden Wörter ein.*

1) Die Erde dreht sich bekanntlich in 24 Stunden einmal um sich selbst von Westen nach ________________.

2) Wer Ozeanien in West-Ost-Richtung bzw. in umgekehrter Richtung durchquert, passiert die Datumsgrenze – eine unsichtbare, gedachte ________________.

3) Erstmals im Jahr 1884 wurde auf einer internationalen Konferenz die Datumsgrenze ________________.

4) Festgelegt wurde: Die Datumsgrenze erstreckt sich vom geographischen Nordpol zum geographischen Südpol durch den Pazifischen ________________.

5) In der Zeit bis hin zur Gegenwart kam es zu einzelnen Änderungen des Verlaufes der ________________.

6) Die Datumsgrenze verläuft mehr oder weniger entlang dem 180. ________________.

7) Nicht gerade ist die Datumsgrenze, sondern sie weist auf Ein- und ________________.

8) Dies hat hauptsächlich politische und wirtschaftliche ________________.

9) So entschied z. B. der Staat Samoa im Jahr 2011, vom Osten der Datumsgrenze auf deren westliche Seite zu ________________.

10) Die Datumsgrenze heißt so, weil sich dort das Datum ________________.

11) Personen, die die Datumsgrenze z. B. auf Reisen von Westen nach Osten überqueren, gelangen in eine Zeitzone, in der noch der vorherige Kalendertag ________________.

12) Man kommt jedoch in eine Zeitzone, in der schon der nächste Kalendertag gültig ist, wenn die Datumsgrenze überschritten wird von Osten nach ________________.

Lösungshilfe:
ändert – Ausbuchtungen – Datumsgrenze – gilt – Gründe – Längengrad – Linie – Osten – Ozean – vereinbart – wechseln – Westen

KOHL VERLAG

Die Datumsgrenze

Lösungen

Aufgabe:

1) Die Erde dreht sich bekanntlich in 24 Stunden einmal um sich selbst von Westen nach Osten.
2) Wer Ozeanien in West-Ost-Richtung bzw. in umgekehrter Richtung durchquert, passiert die Datumsgrenze – eine unsichtbare, gedachte Linie.
3) Erstmals im Jahr 1884 wurde auf einer internationalen Konferenz die Datumsgrenze vereinbart.
4) Festgelegt wurde: Die Datumsgrenze erstreckt sich vom geographischen Nordpol zum geographischen Südpol durch den Pazifischen Ozean.
5) In der Zeit bis hin zur Gegenwart kam es zu einzelnen Änderungen des Verlaufes der Datumsgrenze.
6) Die Datumsgrenze verläuft mehr oder weniger entlang dem 180. Längengrad.
7) Nicht gerade ist die Datumsgrenze, sondern sie weist auf Ein- und Ausbuchtungen.
8) Dies hat hauptsächlich politische und wirtschaftliche Gründe.
9) So entschied z. B. der Staat Samoa im Jahr 2011, vom Osten der Datumsgrenze auf deren westliche Seite zu wechseln.
10) Die Datumsgrenze heißt so, weil sich dort das Datum ändert.
11) Personen, die die Datumsgrenze z. B. auf Reisen von Westen nach Osten überqueren, gelangen in eine Zeitzone, in der noch der vorherige Kalendertag gilt.
12) Man kommt jedoch in eine Zeitzone, in der schon der nächste Kalendertag gültig ist, wenn die Datumsgrenze überschritten wird von Osten nach Westen.

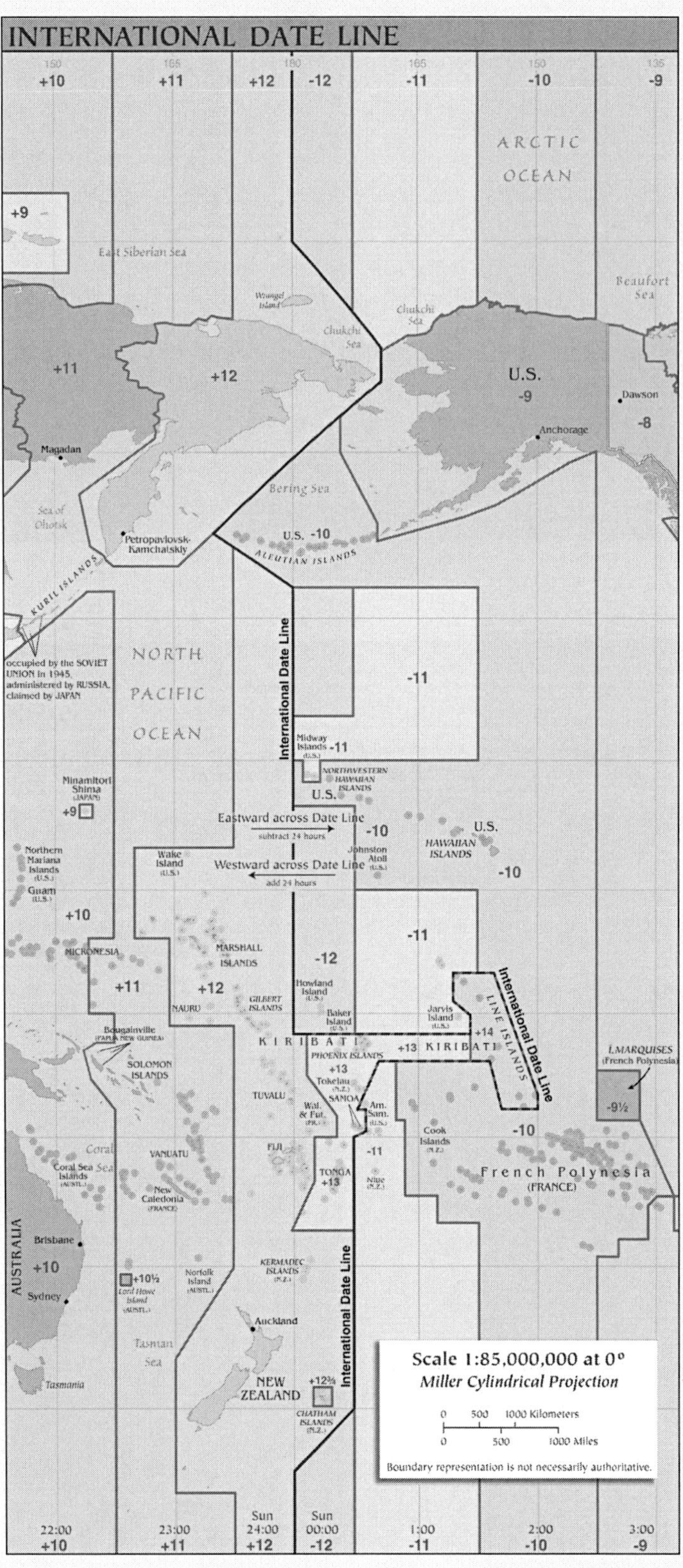

Klima des Kontinents A & O

Aufgabe 1: **a)** *Verbinde jeweils per Linie und gib durch Nennen derselben Nr. an, welcher Satzanfang und welches Satzende zusammengehören! Die Buchstaben daneben ergeben dann geordnet ein Lösungswort.*

Nr.	Satzanfang
1	Vereinfacht gesagt erstreckt sich der Kontinent
2	In etwa zwischen dem nördlichen und südlichen Wendekreis
3	Die Klimazone weist (sehr) hohe Temperaturen
4	Bis zu ca. 27 °C oder 28 °C
5	Südlich der tropischen Klimazone folgt
6	Die subtropische Klimazone verläuft in West-Ost-Richtung
7	Inmitten von Australien herrscht
8	Im Süden des Kontinents Australien und Ozeanien
9	Sie erstreckt sich durch den Süden der
10	Die allermeisten Inseln Ozeaniens sind (stark) beeinflusst

Nr.		Satzende
	R	liegt auf der Erde die tropische Klimazone.
	E	die subtropische Klimazone mit ihren warmen Temperaturen.
	U	besteht die gemäßigte Klimazone.
	M	(sehr) große Trockenheit, nur wenige Niederschläge fallen dort.
	N	Staaten Australien und Neuseeland.
	W	sowie erhebliche Niederschläge auf.
	A	reichen die durchschnittlichen Jahrestemperaturen in manchen Gebieten.
	G	durch das maritime Klima und weisen (hohe) Niederschläge auf.
	E	Australien und Ozeanien durch 3 Klimazonen.
	R	u. a. durch den mittleren Bereich des Staates Australien.

Lösungswort: __ __ __ __ __ __ __ __ __ __

b) *Schreibe nun die 10 Sätze in der genannten Reihenfolge jeweils vollständig auf:*

____

____

____

____

____

____

____

____

Aufgabe 2: *In welcher der 3 angesprochenen Klimazonen würdest du gern (länger) leben oder deine Ferien verbringen? Begründe deine Wahl.*

STATIONENLERNEN KONTINENTE Australien & Ozeanien – Bestell-Nr. 12 774
KOHL VERLAG

Klima des Kontinents A & O

Aufgabe 1: a) Lösungswort: ERWAERMUNG

b)

1	Vereinfacht gesagt erstreckt sich der Kontinent Australien und Ozeanien durch 3 Klimazonen.
2	In etwa zwischen dem nördlichen und südlichen Wendekreis liegt auf der Erde die tropische Klimazone.
3	Die Klimazone weist (sehr) hohe Temperaturen sowie erhebliche Niederschläge auf.
4	Bis zu ca. 27 °C oder 28 °C reichen die durchschnittlichen Jahrestemperaturen in manchen Gebieten.
5	Südlich der tropischen Klimazone folgt die subtropische Klimazone mit ihren warmen Temperaturen.
6	Die subtropische Klimazone verläuft in West-Ost-Richtung u. a. durch den mittleren Bereich des Staates Australien.
7	Inmitten von Australien herrscht (sehr) große Trockenheit, nur wenige Niederschläge fallen dort.
8	Im Süden des Kontinents Australien und Ozeanien besteht die gemäßigte Klimazone.
9	Sie erstreckt sich durch den Süden der Staaten Australien und Neuseeland.
10	Die allermeisten Inseln Ozeaniens sind (stark) beeinflusst durch das maritime Klima und weisen (hohe) Niederschläge auf.

Aufgabe 2: Individuelle Lösungen

Pinnacles Wüste nördlich von Perth in Westaustralien

KOHL VERLAG STATIONENLERNEN KONTINENTE Australien & Ozeanien – Bestell-Nr. 12 774

Zur Vegetation des Kontinents A & O ⊙

Auf der Erdoberfläche gilt weltweit: Die natürliche Vegetation (= Pflanzendecke, Pflanzenwachstum) wird wesentlich bestimmt durch die klimatischen Bedingungen. Auf der Insel Neuguinea dominiert die Vegetationszone tropischer Regenwald. Dieser folgt im Süden der Insel die Feuchtsavanne.

Im Norden des Festlandes Australien treten der tropische Regenwald, die Feuchtsavanne, die Trockensavanne und die Dornsavanne auf. Als Savannen bezeichnet man große Grasflächen mit einzelnen Bäumen sowie Baumgruppen. Wüsten und Steppen prägen die Mitte Australiens. Oftmals kommt hier trockenes Buschland (Scrub genannt) vor. Nach Süden hin gibt es in der Reihenfolge die Zone der Hartlaubvegetation und die der sommergrünen Laub- und Mischwälder. Der östliche und südöstliche Teil Australiens weist teilweise Regenwald- oder Hartlaubvegetation auf.

In Neuseeland wechselt die Vegetation häufig auf engem Raum, sie wird bestimmt durch die Höhenlage. Nur noch etwa ein Fünftel der Landesfläche Neuseelands ist von Wald bedeckt. Sehr viele Bäume und Wälder wurden in der Vergangenheit abgeholzt, um Holz für den Häuserbau zu bekommen sowie Acker- und Weideflächen zu schaffen. In Australien wachsen u. a. Eukalyptus-, Flaschen- und Grasbäume, in Neuseeland Baumfarne sowie Kaurifichten.

Die meisten vulkanischen Inseln Ozeaniens besitzen eine relativ üppige Vegetation. Auf vielen Inseln sind Kokospalmen weit verbreitet.

Aufgabe: *Was lässt sich sagen über die Vegetation in/auf ... ?*

1) Neuginea:

____
____
____
____
____
____
____
____

2) Australien:

____
____
____
____
____
____
____
____

3) Neuseeland:

____
____
____
____
____
____
____
____

4) weiteren Inseln Ozeaniens:

____
____
____
____
____
____
____
____

Zur Vegetation des Kontinents A & O

Lösungen

Aufgabe:

1) Neuguinea:
In Neuguinea überwiegen als Vegetation Pflanzen des tropischen Regenwaldes und der Feuchtsavanne.

2) Australien:
Im Norden kommen der tropische Regenwald, die Feuchtsavanne, Trockensavanne und Dornsavanne vor. Die Mitte Australiens wird bestimmt durch Wüsten, Steppen und trockenes Buschland. Im Süden Australiens existieren Harlaubvegetation, sommergrüne Laub- und Mischwälder ...

3) Neuseeland:
In Neuseeland besteht ein häufiger Wechsel der Vegetation. Lediglich etwa 20 % der Landesfläche sind noch bewaldet. Es wachsen u. a. Baumfarne und Kaurifichten.

4) weiteren Inseln Ozeaniens:
Auf den meisten vulkanischen Inseln Ozeaniens besteht eine verhältnismäßig üppige Vegetation. Viele Kokospalmen wachsen dort.

Insel Upolu, West-Samoa

Vanuatu nach einem Zyklon[1]

[1] Zyklon = ein tropischer Wirbelsturm. Zyklone entstehen im Indischen Ozean bzw. in der südlichen Hälfte des Pazifischen Ozeans.

KOHL VERLAG STATIONENLERNEN KONTINENTE Australien & Ozeanien ■ Bestell-Nr. 12 774

Zur Tierwelt des Kontinents A & O

!

Auf dem Kontinent leben in der Natur so manche Tiere, die sonst auf der Erde nicht im Freien vorkommen. Dies ist zurückzuführen auf die schon sehr lange bestehende isolierte Lage des Kontinents, die die Entwicklung solcher Tiere ermöglichte.

In dieser Hinsicht gibt es in Australien z. B. Kängurus, Koalas, Wombats, Ameisenigel, Schnabeltiere, Tasmanische Teufel, Lungenfische ...

In Neuseeland einheimisch sind u. a. Kiwis, Keas, Wekarallen, Neuseeland-Fledermäuse, Tuatara-Echsen, Hamilton-Frösche ... Die Kiwis (= Schnepfenstrauße) gelten als Wappentiere (≈ Nationaltiere) des Landes. Die Neuseeländer bezeichnen sich sogar selbst als „Kiwis". Einst lebten in Neuseeland die bis zu ca. 3 m großen Laufvögel Moas. Sie wurden jedoch vor etwa 500-600 Jahren von Menschen, die nach Neuseeland eingewandert waren, ausgerottet.

Einwanderer aus Europa brachten in späterer Zeit Tiere nach Australien und Ozeanien mit, die dort nicht einheimisch waren: Schafe, Pferde, Katzen, Kaninchen, Schweine, Wildschweine ... Dadurch ging in Australien und Ozeanien der Bestand etlicher einheimischer Tierarten (sehr) zurück.

Im tropischen Regenwald Neuguineas trifft man u. a. auf vielfältige Vogelarten und Reptilien. Neuguinea wird auch als „Insel der Paradiesvögel" bezeichnet. Auf der Flagge des Staates Papua-Neuguinea wird sogar ein Paradiesvogel dargestellt. Der Meeresbereich Ozeaniens weist u. a. überaus viele Fischarten auf.

In Australien und Ozeanien ist für Menschen Vorsicht geboten vor gefährlichen Tieren: vor Krokodilen, giftigen Schlangen, Haien, Steinfischen, Seewespen ...

Aufgabe: *Schreibe 10 eigene Sätze über die Tierwelt des Kontinents A & O auf.*

Koala

Wekarallen

Kasuar

Regenbogenfisch

Zur Tierwelt des Kontinents A & O

!

Lösungen

Aufgabe: Individuelle Lösungen

Tasmanischer Teufel

Flughund

Kupferstreifen-Pinzettfisch

Kiwi

Aufgabe: *Setze in den anschließenden Sätzen geeignete Verben ein. Unten auf der Seite findest du eine Lösungshilfe.*

1) Wissenschaftler gehen davon aus, dass Australien und Ozeanien von Asien aus durch Menschen __________ wurden.

2) Angenommen wird: Menschen __________ erstmals vor ca. 60 000 Jahren über Neuguinea nach Australien vor.

3) Die Besiedlung der weiteren Gebiete des Kontinents __________ erst (viel) später von Asien aus, meistens mit Hilfe von Doppelrumpfbooten (= Auslegerbooten).

4) Möglicherweise starteten in längst vergangenen Zeiten (auch) von Südamerika aus Menschen und __________ sich auf manchen Inseln Polynesiens nieder.

5) Ab dem 16. Jahrhundert n. Chr. (= „Zeitalter der Entdeckungen" genannt) __________ immer mehr europäische Seefahrer und Entdecker nach Australien und Ozeanien.

6) Dieser Erdteil wurde für Europäer u. a. interessant, um Rohstoffe und Bodenschätze zu __________.

7) Vor allem im 19. Jahrhundert __________ europäische Mächte sowie die USA weite Teile von Australien und Ozeanien als Kolonien in Besitz.

8) Eingeborene wurden dabei zurückgedrängt, unterdrückt oder __________.

9) Erst im Verlauf des 20. Jahrhunderts __________ in Australien und Ozeanien unabhängige, souveräne Staaten.

10) Vor allem die USA und Frankreich __________ noch heutzutage über Besitzungen in Ozeanien.

Bambushäuser auf Stelzen an einer Küste in Papua-Neuguinea

Lösungshilfe:
besiedelt – drangen – entstanden – erfolgte – erlangen – gelangten – getötet – ließen – nahmen – verfügen

STATIONENLERNEN KONTINENTE Australien & Ozeanien – Bestell-Nr. 12 774

Lösungen

Aufgabe:

1) Wissenschaftler gehen davon aus, dass Australien und Ozeanien von Asien aus durch Menschen besiedelt wurden.
2) Angenommen wird: Menschen drangen erstmals vor ca. 60 000 Jahren über Neuguinea nach Australien vor.
3) Die Besiedlung der weiteren Gebiete des Kontinents erfolgte erst (viel) später von Asien aus, meistens mit Hilfe von Doppelrumpfbooten (= Auslegerbooten).
4) Möglicherweise starteten in längst vergangenen Zeiten (auch) von Südamerika aus Menschen und ließen sich auf manchen Inseln Polynesiens nieder.
5) Ab dem 16. Jahrhundert n. Chr. (= „Zeitalter der Entdeckungen“ genannt) gelangten immer mehr europäische Seefahrer und Entdecker nach Australien und Ozeanien.
6) Dieser Erdteil wurde für Europäer u. a. interessant, um Rohstoffe und Bodenschätze zu erlangen.
7) Vor allem im 19. Jahrhundert nahmen europäische Mächte sowie die USA weite Teile von Australien und Ozeanien als Kolonien in Besitz.
8) Eingeborene wurden dabei zurückgedrängt, unterdrückt oder getötet.
9) Erst im Verlauf des 20. Jahrhunderts entstanden in Australien und Ozeanien unabhängige, souveräne Staaten.
10) Vor allem die USA und Frankreich verfügen noch heutzutage über Besitzungen in Ozeanien.

James Cooks Schiffe während seiner 2. Pazifikfahrt, Tahiti

Zur Bevölkerung in Australien und Ozeanien

Auf dem Erdteil A & O (Gesamtfläche: ca. 9 Mio. km²) leben derzeit ca. 45 Mio. Menschen. Damit ist der Kontinent durchschnittlich betrachtet (nur) dünn besiedelt. Die bei Weitem meisten Einwohner weist der Staat Australien auf mit über 25 Mio. Menschen. Papua-Neuguinea ist der Staat mit den zweitmeisten Einwohnern, Neuseeland der mit den drittmeisten.

Die Ureinwohner des Festlandes Australien nennt man Aborigines, die in Neuseeland Maori. Inzwischen befinden sich die Aborigines und die Maori in Australien bzw. Neuseeland eindeutig in der Minderheit. Die Nachfahren von Einwanderern aus Europa machen einen Großteil der Bevölkerung dieser beiden Staaten aus. Die meisten Einwohner davon sind britischer oder irischer Abstammung.

Die einheimische Bevölkerung in Papua-Neuguinea heißt Papua. Die Papua bilden in dem Staat die zahlenmäßige Mehrheit. In Ozeanien wohnen diverse einheimische Völker. Der Anteil von Einwanderern aus Asien nimmt hier zu, zum Teil beträchtlich.

Aufgaben: **a)** *Kreuze an, welche der Aussagen richtig und welche falsch sind.*

		Richtig	Falsch
1.	Auf dem Erdteil A & O leben weniger Menschen als in der Bundesrepublik Deutschland.		
2.	Die durchschnittliche Bevölkerungsdichte des Kontinents A & O beträgt ca. 9 Einw./km².		
3.	Der Kontinent A & O ist dichter besiedelt als Europa.		
4.	Zusammengerechnet wohnen in Papua-Neuguinea mehr Menschen als im Staat Australien.		
5.	In Neuseeland leben die Eingeborenen Maori, in Australien die Aborigines.		
6.	Noch bilden die Maori in Neuseeland und die Aborigines in Australien die Mehrheit der Bevölkerung.		
7.	Die Vorfahren sehr vieler Australier sowie Neuseeländer stammen aus Großbritannien bzw. Irland.		
8.	Papua sind Eingeborene auf der Insel Neuguinea.		
9.	In Ozeanien gibt es nur sehr wenige verschiedene Völker.		
10.	Asiaten zog und zieht es nach Australien bzw. Ozeanien.		

b) *Verbessere jetzt schriftlich die falschen Aussagen!*

KOHL VERLAG STATIONENLERNEN KONTINENTE Australien & Ozeanien – Bestell-Nr. 12 774

Zur Tierwelt in Asien

Aufgaben: a) Richtig sind die folgenden Aussagen:

		Richtig
1.	Auf dem Erdteil A & O leben weniger Menschen als in der Bundesrepublik Deutschland.	
5.	In Neuseeland leben die Eingeborenen Maori, in Australien die Aborigines.	
7.	Die Vorfahren sehr vieler Australier sowie Neuseeländer stammen aus Großbritannien bzw. Irland.	
8.	Papua sind Eingeborene auf der Insel Neuguinea.	
10.	Asiaten zog und zieht es nach Australien bzw. Ozeanien.	

b) Verbesserung der falschen Aussagen:

zu 2) Die durchschnittliche Bevölkerungsdichte des Kontinents A & O beträgt ca. 5 Einw./km².

zu 3) Der Kontinent A & O ist viel dünner besiedelt als Europa.

zu 4) Zusammengerechnet wohnen in Papua-Neuguinea weniger Menschen als im Staat Australien.

zu 6) Die Maori in Neuseeland und die Aborigines in Australien bilden eine Minderheit der Bevölkerung.

zu 9) In Ozeanien gibt es sehr viele verschiedene Völker.

Indigene mit Masken auf Papua-Neuguinea

Eidechsen-Gemälde von Aborigines

Kunst von Maori, Neuseeland

Show von Aborigines, Australien

Australien für Spezialisten

Aufgabe: *Erkläre kurz, was mit den folgenden Namen bzw. Begriffen jeweils gemeint ist. Informiere dich im Internet bzw. in Büchern, wenn du es nicht weißt.*

Sydney

Begriff / Name	**Kurze Erklärung**
1) Sydney	
2) Canberra	
3) Queensland	
4) Great Barrier Reef	
5) Alice Springs	
6) Uluru (Ayers Rock)	
7) Outback	
8) Creeks	
9) Great Dividing Range	
10) Artesisches Becken	
11) Tasmanische Teufel	
12) Eukalypten	
13) Koalas	
14) Bumerange	
15) Aborigines	
16) Didgeridoos	
17) Road Trains	
18) The Ghan	
19) Flying Doctors	
20) School of Air	

KOHL VERLAG Lernen mit Erfolg STATIONENLERNEN KONTINENTE Australien & Ozeanien – Bestell-Nr. 12 774

Australien für Spezialisten ✶

Lösungen

Aufgabe:

1) Sydney = australische Stadt mit den allermeisten Einwohnern
2) Canberra = Hauptstadt von Australien
3) Queensland = Bundesstaat im Nordosten Australiens
4) Great Barrier Reef = langes Korallenriff vor der Nordostküste Australiens
5) Alice Springs = Stadt in Zentralaustralien
6) Uluru (Ayers Rock) = heiliger Berg der australischen Ureinwohner
7) Outback = (unberührte) Wildnis im Innern Australiens
8) Creeks = Flüsse und Bäche, die nur periodisch Wasser führen
9) Great Dividing Range = Gebirge im Nordosten von Australien
10) Artesisches Becken = Landschaft in Australien, wo Grundwasser in Senken gespeichert ist, das per Brunnen an die Erdoberfläche befördert werden kann
11) Tasmanische Teufel = auf der Insel Tasmanien vorkommende Tiere, die furchterregende Laute von sich geben
12) Eukalypten = in Australien vorkommende Bäume
13) Koalas = australische Beuteltiere
14) Bumerange = gekrümmte Wurfhölzer
15) Aborigines = Ureinwohner Australiens
16) Didgeridoos = Blasinstrumente der australischen Ureinwohner

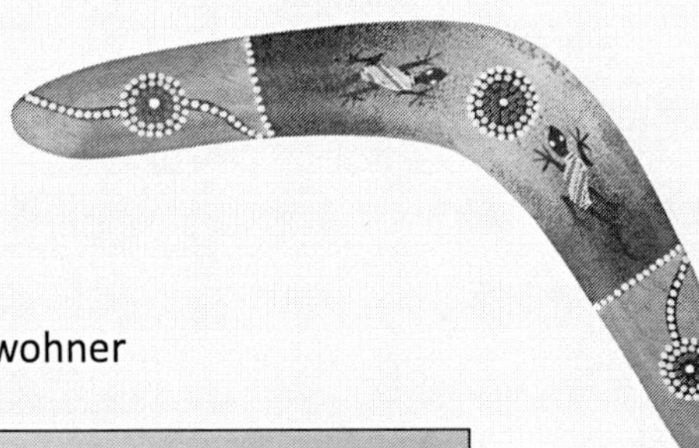

17) Road Trains = lange Lastwagenzüge, die auf Straßen fahren
18) The Ghan = Eisenbahnzug, der zwischen Adelaide und Darwin verkehrt
19) Flying Doctors = „Fliegende Ärzte“, die mit Hilfe von Flugzeugen für die medizinische Versorgung in entlegenen Gebieten sorgen
20) School of Air = Schulform in dünn besiedelten Gebieten: Fernunterricht, früher per Funk, heutzutage mit Hilfe von Internettechnologien

Neuseeland für Kenner

Neuseeland wird u. a. als „Taschenbuchausgabe der Welt" bezeichnet. Damit soll ausgedrückt werde: So manche Dinge auf der Erde kommen in Neuseeland vor, jedoch im kleineren Ausmaß.

Aufgabe: *Ordne die folgenden 20 Namen oder Begriffe den Kurzbeschreibungen richtig zu.*

All Blacks – Alpen – Auckland – Bungeejumping – Cook-Straße – Farne – Fjorde – Geysire – Gletscher – Kaps – Keas – Kiwis – Kliffs – Lake Taupo – Maori – Merinos – Moas – Regenwald – Vulkane – Wellington

	Begriffe / Namen	Kurzbeschreibungen
1)		Berge mit Gestein aus dem Erdinneren
2)		heiße Springquellen
3)		der Brandung ausgesetzte Steilküstenform
4)		ins Meer reichende, oft hoch aufragende Landspitze
5)		junges Faltengebirge
6)		Eismassen hervorgegangen aus Schnee
7)		weit ins Land reichende, schmale Meeresarme
8)		Meeresenge zwischen der Nordinsel und der Südinsel
9)		(sehr) feuchte Vegetationszone
10)		Pflanzen (u. a. Bäume)
11)		größter Binnensee Neuseelands
12)		flugunfähige Vögel
13)		Bergpapageien
14)		sehr große ausgestorbene Vögel
15)		bestimmte Rasse von Schafen
16)		Hauptstadt Neuseelands
17)		neuseeländische Stadt mit den meisten Einwohnern
18)		Ureinwohner Neuseelands
19)		Nationalmannschaft Neuseelands im Rugby
20)		Springen aus großer Höhe gesichert durch Gummiseile

KOHL VERLAG STATIONENLERNEN KONTINENTE Australien & Ozeanien – Bestell-Nr. 12 774

Neuseeland für Kenner 

Lösungen

Aufgabe:

	Begriffe / Namen	Kurzbeschreibungen
1)	Vulkane	Berge mit Gestein aus dem Erdinneren
2)	Geysire	heiße Springquellen
3)	Kliffs	der Brandung ausgesetzte Steilküstenform
4)	Kaps	ins Meer reichende, oft hoch aufragende Landspitze
5)	Alpen	junges Faltengebirge
6)	Gletscher	Eismassen hervorgegangen aus Schnee
7)	Fjorde	weit ins Land reichende, schmale Meeresarme
8)	Cook-Straße	Meeresenge zwischen der Nordinsel und der Südinsel
9)	Regenwald	(sehr) feuchte Vegetationszone
10)	Farne	Pflanzen (u. a. Bäume)
11)	Lake Taupo	größter Binnensee Neuseelands
12)	Kiwis	flugunfähige Vögel
13)	Keas	Bergpapageien
14)	Moas	sehr große ausgestorbene Vögel
15)	Merinos	bestimmte Rasse von Schafen
16)	Wellington	Hauptstadt Neuseelands
17)	Auckland	neuseeländische Stadt mit den meisten Einwohnern
18)	Maori	Ureinwohner Neuseelands
19)	All Blacks	Nationalmannschaft Neuseelands im Rugby
20)	Bungeejumping	Springen aus großer Höhe gesichert durch Gummiseile

Lake Taupo und Mount Cook

Papua-Neuguinea 

Aufgaben: **a)** *Setze in den anschließenden 12 Sätzen jeweils ein passendes Wort als Satzanfang ein.*

1) ___________ Australien ist Papua-Neuguinea mit über 460 000 km² der zweitgrößte Staat des Kontinents Australien und Ozeanien.
2) ___________ Jahr 1975 erhielt Papua-Neuguinea die Unabhängigkeit zugesprochen.
3) ___________ stand es als Treuhandgebiet der UN(O) unter der Verwaltung des Staates Australien.
4) ___________ besaß Deutschland Teile von Papua-Neuguinea als Kolonien („Schutzgebiete").
5) ___________ der tropischen Klimazone liegt Papua-Neuguinea und weist folglich hohe Temperaturen auf.
6) ___________ findet in Papua-Neuguinea tropischen Regenwald vor, unterbrochen von Savannen.
7) ___________ Hochgebirge kommen vor.
8) ___________ höchste Berg des Landes erreicht eine Höhe von fast 4 700 m.
9) ___________ Papua-Neuguinea gehört der östliche Teil der großen Insel Neuguinea.
10) ___________ ist der Westen dieser Insel Teil von Indonesien.
11) ___________ östlich von Neuguinea gelegene Inseln gehören auch zum Staat Papua-Neuguinea.
12) ___________ Eingeborene leben im Land (sehr) zurückgezogen in ihrer Tradition und (beinahe) unbeeinflusst von modernen Entwicklungen.

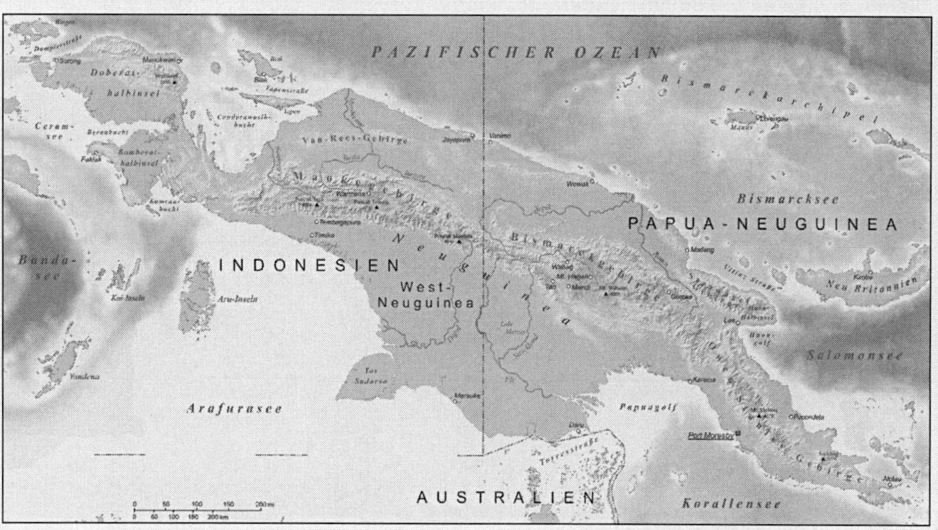

b) *Notiere Weiteres zu Papua-Neuguinea in eigenen Sätzen. Besorge dir dafür Informationen im Internet und/oder in Büchern.*

____

____

____

____

Papua-Neuguinea

Lösungen

Aufgaben: a)

1) Hinter Australien ist Papua-Neuguinea mit über 460 000 km^2 der zweitgrößte Staat des Kontinents Australien und Ozeanien.
2) Im Jahr 1975 erhielt Papua-Neuguinea die Unabhängigkeit zugesprochen.
3) Zuvor stand es als Treuhandgebiet der UN(O) unter der Verwaltung des Staates Australien.
4) Früher besaß Deutschland Teile von Papua-Neuguinea als Kolonien („Schutzgebiete").
5) In der tropischen Klimazone liegt Papua-Neuguinea und weist folglich hohe Temperaturen auf.
6) Man findet in Papua-Neuguinea tropischen Regenwald vor, unterbrochen von Savannen.
7) Auch Hochgebirge kommen vor.
8) Der höchste Berg des Landes erreicht eine Höhe von fast 4 700 m.
9) Zu Papua-Neuguinea gehört der östliche Teil der großen Insel Neuguinea.
10) Dagegen ist der Westen dieser Insel Teil von Indonesien.
11) Einige östlich von Neuguinea gelegene Inseln gehören auch zum Staat Papua-Neuguinea.
12) Manche Eingeborene leben im Land (sehr) zurückgezogen in ihrer Tradition und (beinahe) unbeeinflusst von modernen Entwicklungen.

b) Individuelle Lösungen

Briefmarke

Emblem der Armee, die nach der Unabhängigkeit gegründet wurde

KOHL VERLAG Lernen mit Erfolg STATIONENLERNEN KONTINENTE Australien & Ozeanien – Bestell-Nr. 12 774

Korallenriffe, Koralleninseln, Atolle

Nicht zu den Pflanzen, sondern zu den Tieren gehören die Korallen. Es sind Hohltiere, die wie Pflanzen farbig aussehen. Steinkorallen leben in der Regel in warmen Gewässern. Es gibt auch Korallen, die im kalten Wasser leben (= Kaltwasserkorallen). Diese Tiere scheiden Kalkskelette aus, die schließlich zur Bildung von Korallenriffen, Koralleninseln oder Atollen führen (können). Die Entstehungen und Entwicklungen der genannten Gebilde benötig(t)en sehr viel Zeit.

Als Korallenriffe bezeichnet man felsige Erhebungen im Wasser, gebildet aus Kalkskeletten von hauptsächlich Steinkorallen. Das bekannteste und größte Korallenriff ist das vor der Nordostküste von Australien gelegene Great Barrier Reef. Allerdings sind dieses und auch andere Riffe – u. a. aufgrund (zu) hoher Wassertemperaturen durch den Klimawandel – stark bedroht, da viele Korallen absterben.

Great Barrier Reef

Korallen bewirkten die Entstehung überaus zahlreicher Inseln (= Koralleninseln) in Ozeanien. Ringförmig verlaufende Koralleninseln, die jeweils ein flaches Gewässer (= Lagune) umgeben, nennt man Atolle. Das Wort Lagune lässt sich aus der lateinischen Sprache herleiten:

lacus (lat.) = See, Gewässer; *lacuna* (lat.) = Lache, Teich

Die Bezeichnung Atoll soll aus der Sprache der Eingeborenen auf der Inselgruppe Malediven stammen.

Aufgaben: *Erkläre näher:*

1) Was sind Korallen?

____

2) Was sind Korallenriffe?

____

____

3) Was ist das Great Barrier Reef?

____

4) Was sind Koralleninseln?

____

5) Was sind Atolle?

____

____

KOHL VERLAG Lernen mit Erfolg STATIONENLERNEN KONTINENTE Australien & Ozeanien – Bestell-Nr. 12 774

Korallenriffe, Koralleninseln, Atolle

Lösungen

Aufgaben:

1) Korallen sind Hohltiere, sie sehen wie Pflanzen farbig aus.
2) Als Korallenriffe bezeichnet man felsige Erhebungen im Wasser, die aus Kalkskeletten von meistens Steinkorallen bestehen.
3) Das Great Barrier Reef ist das bekannteste und größte Korallenriff auf der Erde. Es erstreckt sich vor der Nordostküste Australiens.
4) Koralleninseln sind Inseln, die durch Koralllen entstanden und aufgebaut sind.
5) Die Bezeichnung Atolle wird gebraucht für ringförmig verlaufende Koralleninseln, die jeweils ein flache Gewässer (= Lagune) umranden.

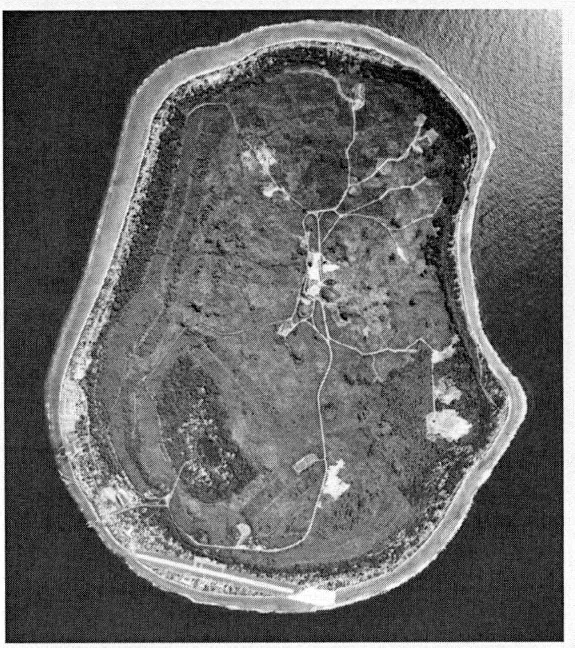

Die Insel Nauru ist ein hoch gehobenes Atoll

Korallen

Osterinsel

✶

Aufgaben: **a)** *Verfasse mit Hilfe der anschließenden stichwortartig genannten Angaben einen Text in vollständigen Sätzen über die Osterinsel.*

Steinstatuen „Moai" auf der Osterinsel

seit dem Jahr 1995 Osterinsel = Weltkulturerbe

Flächengröße der Insel: etwa 162,5 km²

seit 1888 Zugehörigkeit der Osterinsel zu Chile

Insel = Vulkaninsel, bis 507 m hoch

am Ostersonntag des Jahres 1722 Entdeckung der Osterinsel durch niederländische Seefahrer

gelegen in der subtropischen Klimazone

Temperaturen ungefähr 18-23 °C, Jahresniederschlag etwa 1 150 mm

Lage: im Pazifischen Ozean, ca. 27° südl. Breite/109° westl. Länge

Osterinsel berühmt wegen ihrer zahlreichen Statuen (= „Maoi") aus Tuffgestein

Osterinsel = östlichste Insel Polynesiens und damit des Kontinents A & O

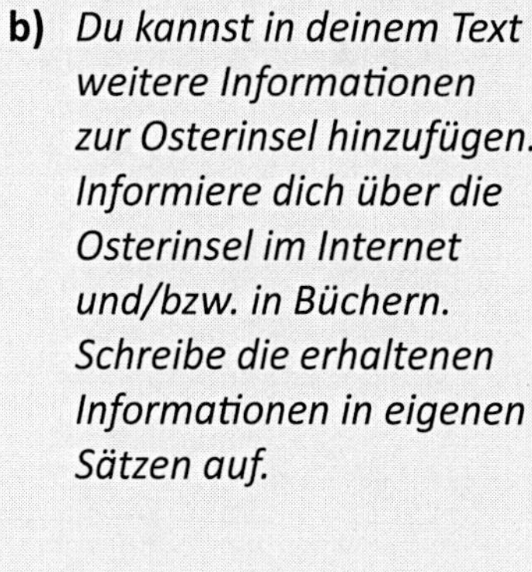

b) *Du kannst in deinem Text weitere Informationen zur Osterinsel hinzufügen. Informiere dich über die Osterinsel im Internet und/bzw. in Büchern. Schreibe die erhaltenen Informationen in eigenen Sätzen auf.*

Kratersee auf der Osterinsel

Osterinsel

Lösungen

Aufgaben: a) Individuelle Lösungen, wie z. B.:

Die Osterinsel liegt im Pazifischen Ozean. Sie ist die östlichste Insel Poynesiens und damit auch des Kontinents Australien und Ozeanien. Der Name Osterinsel kommt daher: Sie wurde am Ostersonntag entdeckt – und zwar im Jahr 1722 durch niederländische Seefahrer.

Die Flächengröße dieser Insel beträgt ca. 162,5 km². Die Osterinsel, eine Vulkaninsel, ragt bis zu 507 m aus dem Pazifischen Ozean empor. In der subtropischen Klimazone befindet sich die Osterinsel. Die Temperaturen erstrecken sich etwa im Bereich von 18 °C bis 23 °C. Im Jahr gibt es ungefähr 1 150 mm Niederschlag.

Seit dem Jahr 1888 gehört die Osterinsel zu Chile. Berühmt ist die Insel wegen ihrer zahlreichen Statuen aus Tuffgestein. Die Statuen werden Maoi genannt. Im Jahr 1995 wurde die Osterinsel zum Weltkulturerbe erklärt ...

b) Individuelle Lösungen

Inschrift auf der Osterinsel

KOHL VERLAG Lernen mit Erfolg STATIONENLERNEN KONTINENTE Australien & Ozeanien – Bestell-Nr. 12 774

Nicht Tohuwabohu, sondern Tuvalu 

Auf unserer ausgedachten Reise durch Ozeanien erreichen wir Tuvalu, den viertkleinsten Staat auf der Erde. Wir kommen per Flugzeug auf dem Flughafen der Hauptinsel Funafuti an. Tuvalu ist ein winziger Inselstaat. Mit Tohuwabohu bezeichnet man übrigens so viel wie Wirrwarr oder Durcheinander. (Das Wort stammt aus der hebräischen Sprache.)

Aufgaben: *Informiere dich im Internet näher über Tuvalu. Beantworte schriftlich die anschließenden Fragen.*

1) Wo liegt Tuvalu?

____

2) Was heißt Tuvalu ins Deutsche übersetzt aus der Sprache der einheimischen Bevölkerung?

____

3) Welche Landfläche (in km²) weist der Staat Tuvalu auf? ______________

4) In welchem Jahr wurde Tuvalu ein unabhängiger Staat? ______________

5) Wozu gehörte Tuvalu, bevor es ein unabhängiger Staat wurde?

____

6) Welche Staatsform hat der Staat Tuvalu? ______________

7) Wer ist das Staatsoberhaupt in Tuvalu? ______________

8) Etwa wie viele Menschen leben derzeit in Tuvalu?

____

9) Zu welcher Religion bekennen sich die meisten Menschen in Tuvalu?

____

10) Aus wie vielen Inseln besteht Tuvalu?

____

11) Welches Klima besteht in Tuvalu?

____

____

12) Inwiefern ist Tuvalu stark gefährdet durch den Klimawandel?

____

____

____

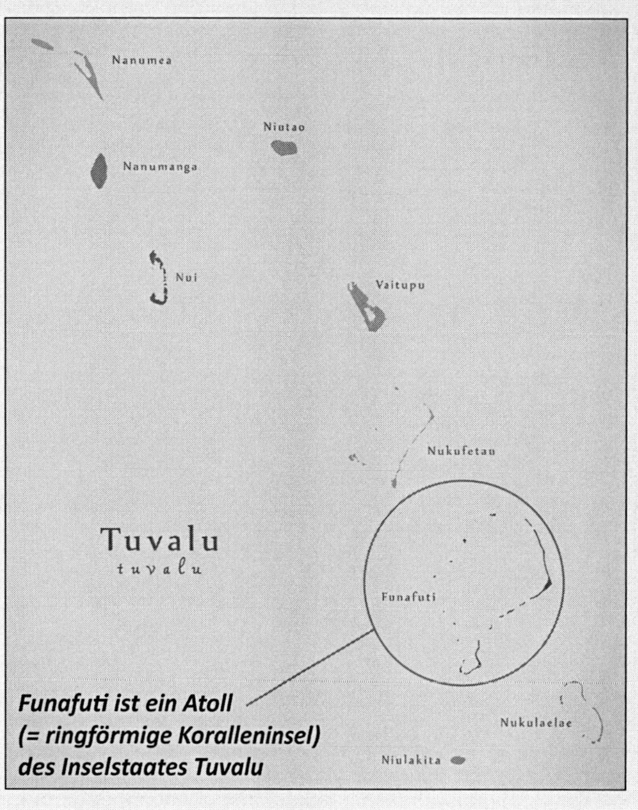

Funafuti ist ein Atoll (= ringförmige Koralleninsel) des Inselstaates Tuvalu

Nicht Tohuwabohu, sondern Tuvalu ✶

Lösungen

Aufgaben:

1) im Südwesten des Pazifischen Ozeans nördlich von Neuseeland
2) „acht (8) zusammengehörend"
3) ca. 26 km^2
4) im Jahr 1978
5) zu Großbritannien (Tuvalu gehörte zur damaligen britischen Kolonie „Gilbert- und Elliceinseln".)
6) parlamentarische Monarchie
7) die britische Königin bzw. der britische König
8) (fast) 12 000 Menschen
9) zum Christentum
10) aus 9 Inseln (Koralleninseln bzw. Atollen)
11) warmes bis heißes tropisches Klima; Jahresdurchschnittstemperatur etwa 30 °C
12) Tuvalu → sehr niedrige Inseln;
aufgrund des – durch den Klimawandel bewirkten – Meeresspiegelanstiegs vom Versinken bedroht

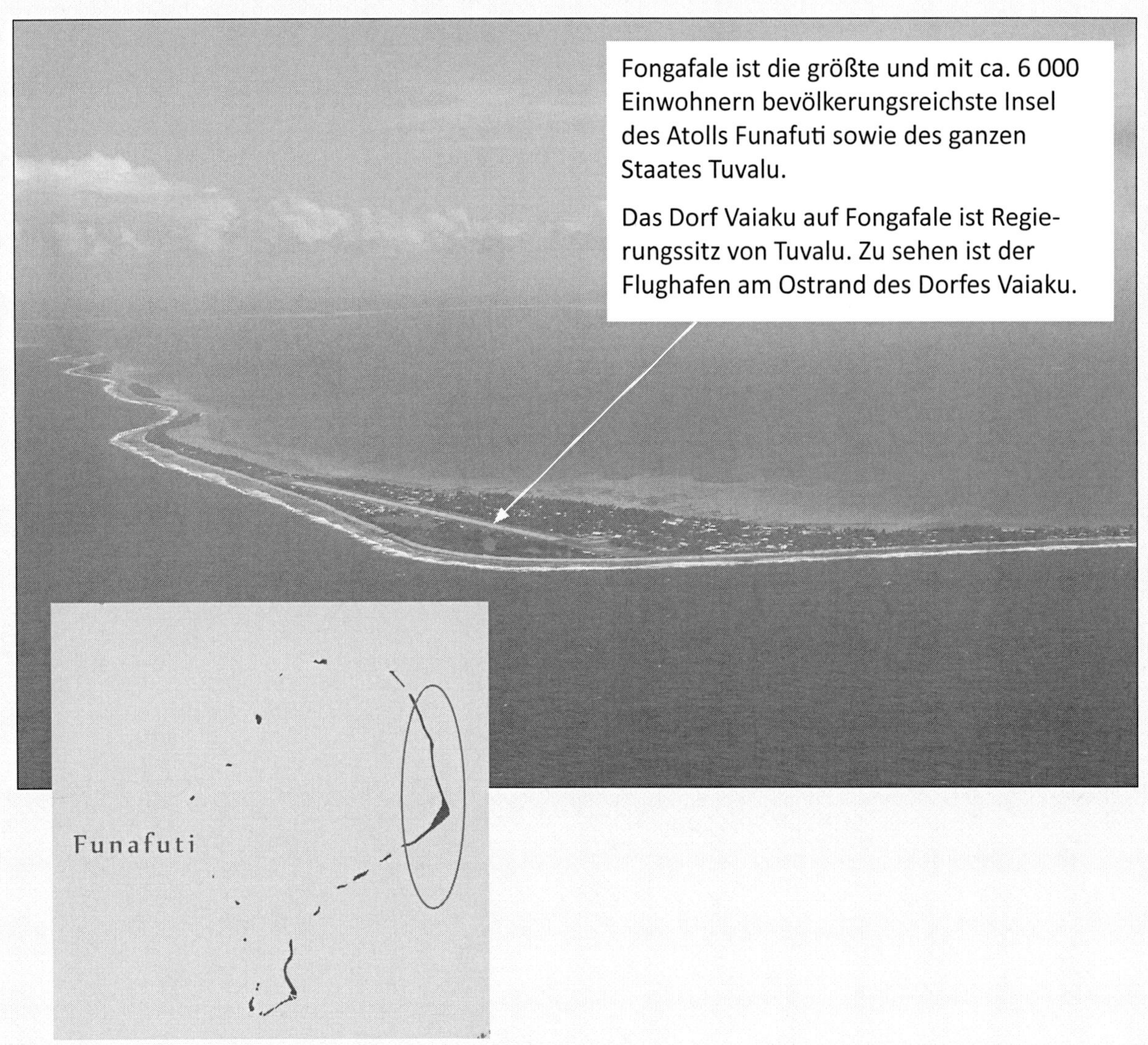

Hawaii-Inseln

Australien & Ozeanien

Diese Inselkette liegt im Norden des Kontinents A & O, (fast) inmitten der Nordhälfte des Pazifischen Ozeans. Früher hieß die Inselgruppe „Sandwich-Inseln“ – so benannt von dem britischen Seefahrer und Entdecker James Cook (1728-1779). Seit dem Jahr 1898 gehören die Hawaii-Inseln politisch zu den USA, 1959 wurden sie der 50. Bundesstaat dieser Weltmacht.

Insgesamt umfasst die Inselgruppe fast 140 einzelne Inseln, davon 8 große Inseln. Die größte der Inseln heißt Hawaii, von daher kommt auch die Bezeichnung der Inselgruppe. Honolulu, die Hauptstadt und zugleich bevölkerungsreichste Stadt der Inselgruppe, befindet sich auf der Insel Oahu. Die gesamte Landfläche der Hawaii-Inseln beträgt über 16 600 km^2. Entstanden sind die Inseln durch Vulkanismus, manche auch durch Korallen. Auf der Insel Hawaii ragen 2 Vulkane mehr als 4 000 m über dem Meeresspiegel empor.

Als Inselparadies gelten die Hawaii-Inseln. Berühmt ist die Inselgruppe wegen der Strände, Buchten, Vulkane, Vulkanlandschaften als Geburtsstätte des Surfens, als Austragungsort des Triathlons „Ironman Hawaii“ ...

Aufgabe: *Überlege dir 8 Fragen zum Text „Hawaii-Inseln“ und schreibe sie auf. Beantworte danach die Fragen selbst – ebenfalls schriftlich.*

STATIONENLERNEN KONTINENTE Australien & Ozeanien – Bestell-Nr. 12 772

Zur Wirtschaft in Australien und Ozeanien

!

Australien & Ozeanien

Im weltweiten Vergleich gilt das Bruttoinlandsprodukt (BIP) als ein Indikator (= Anzeiger) der wirtschaftlichen Leistungen. Das BIP nennt den gesamten Geldwert (normalerweise in US-Dollar) aller hergestellten Waren und erbrachten Dienstleistungen je Staat in einem Jahr.

Wir betrachten nun die 14 unabhängigen souveränen auf dem Erdteil A & O gelegenen Staaten unter dem Aspekt Wirtschaft: Australien ist der Staat mit dem weitaus höchsten Bruttoinlandsprodukt, gefolgt von Neuseeland auf dem 2. Rang. Das jeweilige Bruttoinlandsprodukt der weiteren Staaten des Kontinents ist erheblich geringer. Australien sowie Neuseeland sind wirtschaftlich gesehen die beiden eindeutig führenden Staaten auf dem Kontinent. Dies bestätigt sich auch, wenn man auf das durchschnittliche Bruttoinlandsprodukt je Kopf (= je Einwohner) blickt. Insgesamt ist der Lebensstandard der Menschen im Staat Australien hoch, aber auch in Neuseeland.

Australien ist u. a. aufgrund seiner Bodenschätze, Industrie und landwirtschaftlichen Exportprodukte ein weit entwickeltes Land. Ebenfalls in Neuseeland, das über wenig(er) Bodenschätze verfügt, ist der wirtschaftliche Werdegang wesentlich vorangeschritten.

Im Vergleich dazu haben sich die allermeisten sonstigen Staaten des Kontinents wirtschaftlich gesehen nur geringfügig weiterentwickelt. Bodenschätze sind dort allenfalls wenige vorhanden. Auch Industrie gibt es meistens kaum; wenn doch, gewöhnlich nur in der Verarbeitung von landwirtschaftlichen Erzeugnissen und/bzw. solchen im Fischfang.

Aufgaben:
1) *Was kannst du in eigenen Sätzen zur Wirtschaft in Australien und Ozeanien sagen?*
2) *Wie bewertest du die wirtschaftliche Lage auf diesem Kontinent? Begründe deine Bewertung.*

STATIONENLERNEN KONTINENTE Australien & Ozeanien – Bestell-Nr. 12 772

Hawaii-Inseln

Australien & Ozeanien

Lösungen

Aufgabe: Individuelle Lösungen

Kauai, eine der 8 Hauptinseln von Hawaii

Zur Wirtschaft in Australien und Ozeanien

!

Australien & Ozeanien

Lösungen

Aufgaben: 1) und 2) Individuelle Lösungen

Mary-Kathleen-Uran-Mine, Australien

Eine Rundreise durch Australien und Ozeanien

Australien & Ozeanien

Aufgabe: *Finde an Hand der genannten Koordinaten und mit Hilfe eines Atlasses heraus, welche 20 Stationen (Städte, Inseln) die ausgedachte Rundreise umfasst.*

1)	P____	32° s. Br.	116° ö. L.
2)	M_________	38° s. Br.	145° ö. L.
3)	C_______	35° s. Br.	149° ö. L.
4)	S_____	34° s. Br.	151° ö. L.
5)	C___________	43,5° s. Br.	172,5° ö. L.
6)	W_________	41° s. Br.	175° ö. L.
7)	A_______	37° s. Br.	175° ö. L.
8)	S___	18° s. Br.	179,5° ö. L.
9)	A___	14° s. Br.	172° w. L.
10)	T_____	18° s. Br.	149,5° w. L.
11)	P_______	25° s. Br.	130° w. L.
12)	O_________	27° s. Br.	109° w. L.
13)	H_______	21° n. Br.	158° w. L.
14)	K_________	2° n. Br.	157,5° w. L.
15)	N____	0,5° s. Br.	167° ö. L.
16)	P______	7° n. Br.	158° ö. L.
17)	P___ M______	9,5° s. Br.	147° ö. L.
18)	H______	9,5° s. Br.	160° ö. L.
19)	P___ V___	18° s. Br.	168° ö. L.
20)	C______	17° s. Br.	146° ö. L.

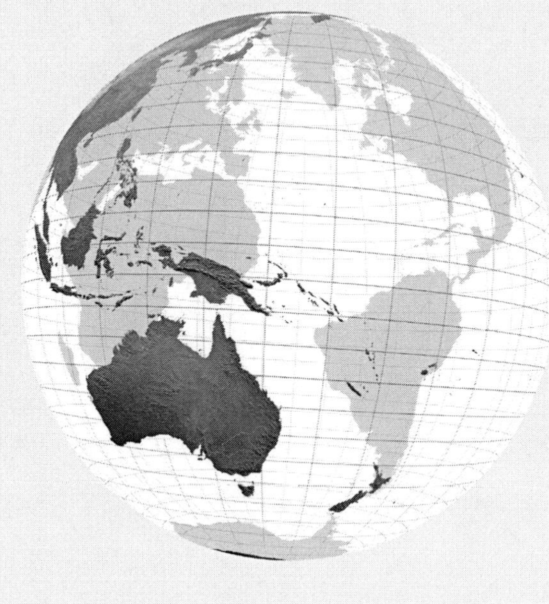

KOHL VERLAG STATIONENLERNEN KONTINENTE Australien & Ozeanien – Bestell-Nr. 12 774

Eine Rundreise durch Australien und Ozeanien

Lösungen

Aufgabe:

1)	Perth	32° s. Br.	116° ö. L.
2)	Melbourne	38° s. Br.	145° ö. L.
3)	Canberra	35° s. Br.	149° ö. L.
4)	Sydney	34° s. Br.	151° ö. L.
5)	Christchurch	43,5° s. Br.	172,5° ö. L.
6)	Wellington	41° s. Br.	175° ö. L.
7)	Auckland	37° s. Br.	175° ö. L.
8)	Suva	18° s. Br.	179,5° ö. L.
9)	Apia	14° s. Br.	172° w. L.
10)	Tahiti	18° s. Br.	149,5° w. L.
11)	Pitcairn	25° s. Br.	130° w. L.
12)	Osterinsel	27° s. Br.	109° w. L.
13)	Honolulu	21° n. Br.	158° w. L.
14)	Kiritimati	2° n. Br.	157,5° w. L.
15)	Nauru	0,5° s. Br.	167° ö. L.
16)	Pohnpei	7° n. Br.	158° ö. L.
17)	Port Moresby	9,5° s. Br.	147° ö. L.
18)	Honiara	9,5° s. Br.	160° ö. L.
19)	Port Vila	18° s. Br.	168° ö. L.
20)	Cairns	17° s. Br.	146° ö. L.

Suva, Hauptstadt von Fidschi

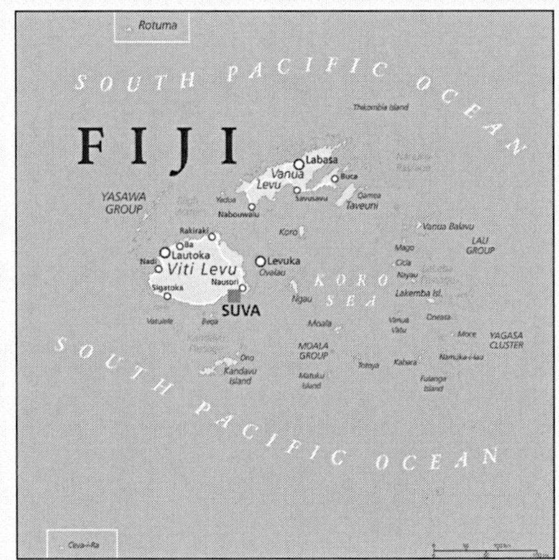

Fidschi mit der Hauptstadt Suva

KOHL VERLAG Lernen mit Erfolg STATIONENLERNEN KONTINENTE Australien & Ozeanien – Bestell-Nr. 12 774

Sehenswürdigkeiten des Kontinents A & O

Aufgabe: *Ordne richtig zu: Welche Sehenswürdigkeit ist auf welchem Bild zu sehen?*

Bora Bora (Atoll) • Fidschi • Great Barrier Reef • Hawaii • Milford Sound (Fjord) • Osterinsel • heiße Quelle, Rotorua • Sydney • Uluru (= Ayers Rock)

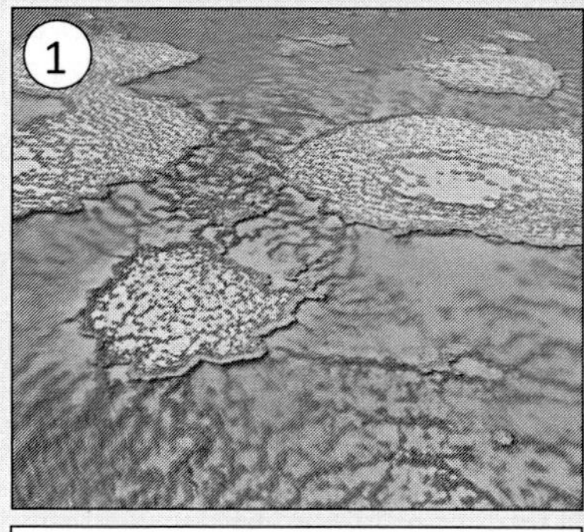

Sehenswürdigkeiten des Kontinents A & O

Lösungen

Aufgabe:

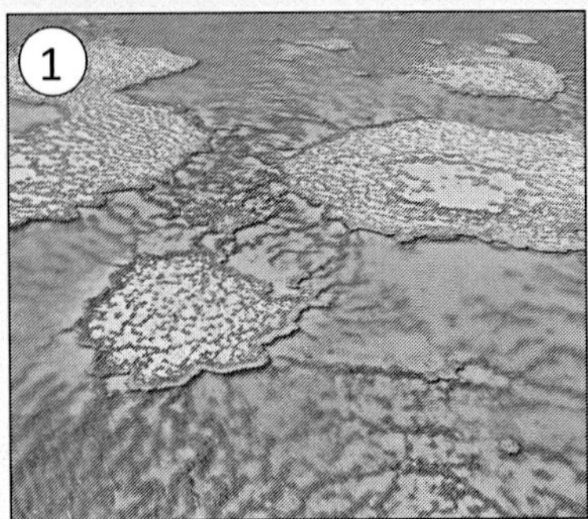

Great Barrier Reaf

Sydney

Uluru (= Ayers Rock)

heiße Quelle, Rotorua

Milford Sound (Fjord)

Fidschi

Bora Bora (Atoll)

Osterinsel

Hawaii

Lernen mit Erfolg KOHL VERLAG STATIONENLERNEN KONTINENTE Australien & Ozeanien – Bestell-Nr. 774

Südsee

!

Die Bezeichnung Südsee stammt aus früheren Zeiten. Im Zusammenhang mit Ozeanien wird die Bezeichnung Südsee auch heute noch des Öfteren gebraucht – und zwar unterschiedlich. Der Name Südsee ist kein offizieller Begriff.

Manchmal wird als Südsee der südliche Teil des Pazifischen Ozeans vom Äquator abwärts bezeichnet. Gemäß dieser Betrachtung gelten als Südseeinseln die Inseln von Neuguinea (im Westen) bis hin zur Osterinsel (im Osten). Bisweilen wird als Südgrenze der Südsee sogar der 60. südliche Breitengrad herangezogen, wo das Südpolarmeer beginnt.

Im engeren Sinne zählt geographisch als Südsee aber nur der südwestliche Teil des Pazifischen Ozeans. Damit sind vor allem gemeint das Meeresgebiet sowie die Inselwelt von Neukaledonien, Fidschi, Tonga, Samoa, Tahiti. Die Südsee wird geographisch nicht genau abgegrenzt.

Touristische Unternehmen werben mit dem Wort „Südsee". (Potentiellen) Touristen z. B. in Deutschland wird mit der „Südsee" das Bild vermittelt von: „Sonne, weißen Stränden, blauem Meerwasser, Palmen, Kokosnüssen …". Urlaub in der „Südsee" biete Entspannung, pure Erholung, ja Leben ohne (jeglichen) Stress.

Aufgaben:

1) Fasse den Inhalt des vorliegenden Textes „Südsee" in 5, 6 oder 7 eigenen Sätzen zusammen.

____

____

____

____

____

2) Welche Gedanken gehen dir durch den Kopf, wenn du das Wort „Südsee" hörst oder liest? Schreibe deine Gedanken auf.

____

____

____

____

____

3) Würdest du gern deine Ferien/deinen Urlaub in der „Südsee" verbringen oder dort sogar eine längere Zeit bzw. dauerhaft wohnen? Begründe deine Einstellung.

____

____

____

KOHL VERLAG STATIONENLERNEN KONTINENTE Australien & Ozeanien – Bestell-Nr. 12 774

Südsee

!

Lösungen

Aufgaben: 1) - 3) Individuelle Lösungen

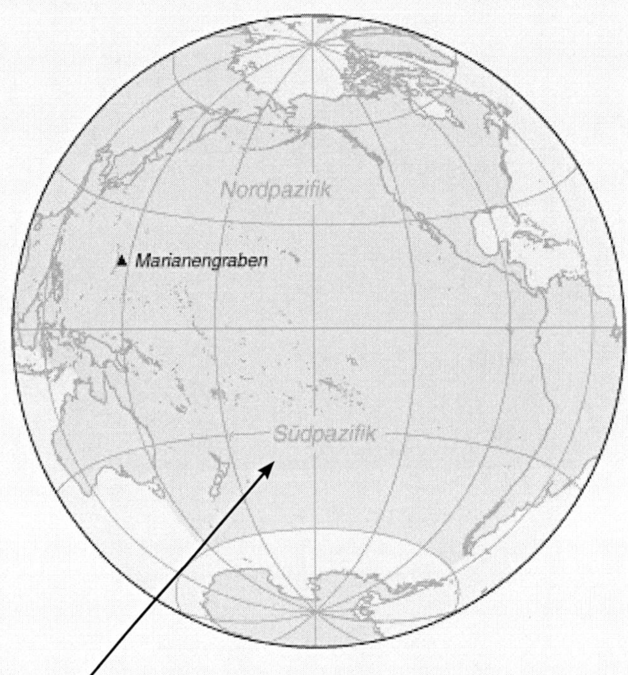

Geographische Lage der Südsee

Bora Bora

Die Insel Bolabola in der Südsee

Tourismus in Australien und Ozeanien 

Australien & Ozeanien

Der Tourismus (= Fremdenverkehr) hat im Verlauf des 20. und 21. Jahrhunderts weltweit an Bedeutung gewonnen. Das betrifft auch den Kontinent A & O; Staaten und/bzw. Gebiete des Erdteils wurden und sind beliebte Reiseziele (u. a. von Touristen aus Europa).

In den unabhängigen, souveränen Staaten und sonstigen Regionen des Erdteils A & O besitzt der Tourismus wirtschaftliche Relevanz. Vor allem gilt das für die kleineren in Ozeanien gelegenen Staaten, Inseln und Inselgruppen. Hier bildet der Tourismus eine wesentliche finanzielle Einnahmequelle. Auch wenn der Kontinent A & O von der Landfläche her der kleinste aller Erdteile ist, bietet er vielfältige Sehenswürdigkeiten. Touristen können dort allerhand unternehmen sowie erleben.

Aufgabe:

Angenommen: Du hast genügend Geld, um eine Traumreise durch Australien und Ozeanien zu unternehmen, möglicherweise aufgrund des Gewinns bei einer Lotterie.

Beschreibe schriftlich deinen Reiseplan:

- *Wie soll deine Reiseroute verlaufen?*
- *Welche Sehenswürdigkeiten möchtest du dir anschauen?*
- *Was hast du auf deiner Reise vor, sonst noch zu unternehmen?*
- ...

KOHL VERLAG Lernen mit Erfolg
STATIONENLERNEN KONTINENTE Australien & Ozeanien – Bestell-Nr. 12 772

Top (= Spitze) in Australien und Ozeanien 

Australien & Ozeanien

Aufgabe: *Ordne die folgenden Namen anschließend richtig zu.*

Australien • Cape-York-Peninsula • Darling • Lake Hauroko • Lake Eyre • Great Barrier Reef • Große Victoria-Wüste • Maokegebirge • Mount Augustus • Nauru • Neuguinea • Puncak Jaya • Sydney

1) Staat mit den meisten Einwohnern: ______________

2) Staat mit der höchsten Bevölkerungsdichte: ______________

3) Städtischer Ballungsraum mit den meisten Einwohnern: ______________

4) Größte Insel: ______________

5) Größte Halbinsel: ______________

6) Höchstes Gebirge: ______________

7) Höchster Berg: ______________

8) Tiefster Binnensee: ______________

9) Größter Binnensee: ______________

10) Längster Fluss: ______________

11) Längste felsige Aufragung im Meer: ______________

12) Größter Monolith (= Felsblock): ______________

13) Größte Wüste: ______________

KOHL VERLAG Lernen mit Erfolg
STATIONENLERNEN KONTINENTE Australien & Ozeanien – Bestell-Nr. 12 772

Tourismus in Australien und Ozeanien 

Australien & Ozeanien

Lösungen

Aufgabe : Individuelle Lösungen

Hotelanlage in Bora Bora

Top (= Spitze) in Australien und Ozeanien ⊙

Australien & Ozeanien

Lösungen

Aufgabe:

1) Staat mit den meisten Einwohnern: Australien
2) Staat mit der höchsten Bevölkerungsdichte: Nauru
3) Städtischer Ballungsraum mit den meisten Einwohnern: Sydney
4) Größte Insel: Neuguinea
5) Größte Halbinsel: Cape-York-Peninsula
6) Höchstes Gebirge: Maokegebirge
7) Höchster Berg: Puncak Jaya

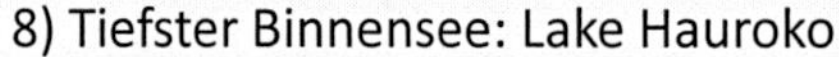

8) Tiefster Binnensee: Lake Hauroko
9) Größter Binnensee: Lake Eyre
10) Längster Fluss: Darling
11) Längste felsige Aufragung im Meer: Great Barrier Reef
12) Größter Monolith (= Felsblock): Mount Augustus
13) Größte Wüste: Große Victoria-Wüste

KOHL VERLAG STATIONENLERNEN KONTINENTE Australien & Ozeanien – Bestell-Nr. 12 772

Naturereignisse in Australien und Ozeanien 

Aufgabe: *Verfasse mit Hilfe der unten stehenden, aus Zeitungen entnommenen Überschriften einen zusammenhängenden Text in vollständigen Sätzen über Naturereignisse auf dem Kontinent A & O.*

Great Barrier Reef – Bisher schwerste Korallenbleiche

Erdbeben erschüttert Neuseeland

Sandsturm über Australien

Deutsche in Australien vom Blitz getroffen

Südpazifik: Bewohner retten sich vor Tsunami auf Hügel

Neuseeland: Anzeigen nach Vulkanausbruch auf der Insel White Island – Reiseveranstalter zu leichtsinnig

Koalas sterben in der Busch-feuer-Hölle

Nach Zyklon „Vasa“: Fidschi-Premier ruft den Klima-Notstand für die Südsee aus!

Waldrama: Wale verenden in Neuseeland am Strand

Naturereignisse in Australien und Ozeanien

Lösungen

Aufgabe: Individuelle Lösungen, z. B.:

Der Erdteil A & O ist betroffen von Naturereignissen. Aus manchen Naturereignissen wurden und werden Naturkatastrophen. Zum einen treten meteorologische Naturereignisse wie z. B. Sandstürme, Wirbelstürme, Gewitter, Dürren, Buschfeuer auf.

Auch der Klimawandel (= die Klimaerwärmung) macht sich in Australien und Ozeanien bemerkbar. Durch den Klimawandel kommt es u. a. zum Anstieg des Meeresspiegels. Als Folge davon sind etliche flache Inseln bedroht, in absehbarer Zeit ins Wasser zu verschwinden. Der Klimawandel mit seinen zunehmenden Temperaturen schädigt auch die Korallen, u. a. das Great Barrier Reef.

Ebenfalls geologische Naturereignisse wie Erdbeben, Seebeben ... sind in mehreren Gebieten des Kontinents A & O eine große Gefahr ...

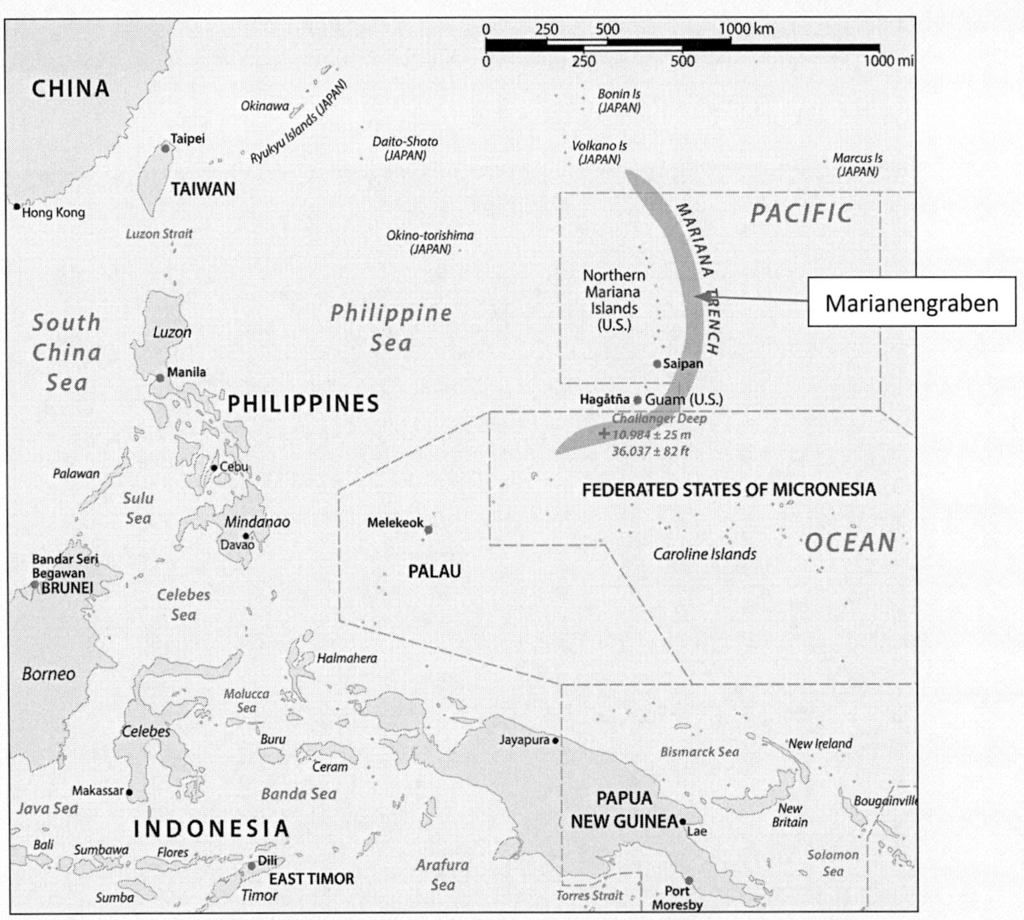

Die Marianeninseln (zu Mikronesion) liegen am sogenannten Marianengraben. Dort verläuft eine tief eingeschnittene Nahtstelle zwischen zwei tektonischen Platten, an der viele Erdbeben und Vulkanausbrüche auftreten.

Ozeanien – was ist was?

!

Aufgabe: *Ordne diese Begriffe und Namen den anschließenden kurzen Bemerkungen richtig zu.*

Äquator – Auckland – Atolle – Datumsgrenze – Hawaii – Korallenriffe – Melanesien – Mikronesien – Nauru – Neuguinea – Neuseeland – Osterinsel – Papua-Neuguinea – Polynesien – südlicher Wendekreis

1)		=	nullter Breitengrad
2)		=	Breitengrad auf 23,5° s. Br.
3)		=	gedachte Linie vom geographischen Nordpol zum Südpol mehr oder weniger entlang des 180. Längengrades
4)		=	größtes der 3 Großgebiete von Oz. (= Ozeanien)
5)		=	im Nordwesten gelegenes Großgebiet von Oz.
6)		=	im Südwesten gelegenes Großgebiet von Oz.
7)		=	nordöstlichste Inselgruppe von Oz.
8)		=	südöstlichste Ecke von Oz.
9)		=	größte Insel von Oz.
10)		=	flächengrößter Staat von Oz.
11)		=	am südlichsten gelegener Staat von Oz.
12)		=	Stadt mit den meisten Einwohnern in Oz.
13)		=	flächenkleinster Staat in Oz.
14)		=	in Oz. durch farbenprächtige Meerestiere entstandene Kalksteinablagerungen im Wasser
15)		=	ringförmig verlaufende Koralleninseln, die eine Lagune umgeben

Auckland

KOHL VERLAG Lernen mit Erfolg STATIONENLERNEN KONTINENTE Australien & Ozeanien – Bestell-Nr. 12 774

Ozeanien – was ist was?

!

Aufgabe:

1)	Äquator	=	nullter Breitengrad
2)	südlicher Wendekreis	=	Breitengrad auf 23,5° s. Br.
3)	Datumsgrenze	=	gedachte Linie vom geographischen Nordpol zum Südpol mehr oder weniger entlang des 180. Längengrades
4)	Polynesien	=	größtes der 3 Großgebiete von Oz.(= Ozeanien)
5)	Mikronesien	=	im Nordwesten gelegenes Großgebiet von Oz.
6)	Melanesien	=	im Südwesten gelegenes Großgebiet von Oz.
7)	Hawaii	=	nordöstlichste Inselgruppe von Oz.
8)	Osterinsel	=	südöstlichste Ecke von Oz.
9)	Neuguinea	=	größte Insel von Oz.
10)	Papua-Neuguinea	=	flächengrößter Staat von Oz.
11)	Neuseeland	=	am südlichsten gelegener Staat von Oz.
12)	Auckland	=	Stadt mit den meisten Einwohnern in Oz.
13)	Nauru	=	flächenkleinster Staat in Oz.
14)	Korallenriffe	=	in Oz. durch farbenprächtige Meerestiere entstandene Kalksteinablagerungen im Wasser
15)	Atolle	=	ringförmig verlaufende Koralleninseln, die eine Lagune umgeben

Die berühmten, „Moai“ genannten großen Steinstatuen auf der Osterinsel

KOHL VERLAG Lernen mit Erfolg STATIONENLERNEN KONTINENTE Australien & Ozeanien ▪ Bestell-Nr. 12 774

Schlagwörter über Australien und Ozeanien

!

1) Der Erdteil mit seinen exotischen Tieren und Pflanzen

2) Der giftige Kontinent

3) Der 5. Kontinent

4) Der Doppel-Erdteil

5) Der Insel-Kontinent

6) Der rote Kontinent

7) Down Under

8) Der Erdteil der Gegensätze

Aufgabe: *Erkläre die Schlagwörter näher. Was kannst du in Bezug auf sie über Australien und Ozeanien sagen?*

1) ______________________________

____

2) ______________________________

____

3) ______________________________

____

4) ______________________________

____

5) ______________________________

____

6) ______________________________

____

7) ______________________________

____

8) ______________________________

____

KOHL VERLAG Lernen mit Erfolg STATIONENLERNEN KONTINENTE Australien & Ozeanien – Bestell-Nr. 12 774

Schlagwörter über Australien und Ozeanien

!

Lösungen

Aufgabe:

1) In Australien und Ozeanien gibt es in der freien Natur Tiere (z. B. Koalas) und Pflanzen (z. B. Baumfarne), die sonst auf der Erde so nicht vorkommen.

2) Dort leben einige der giftigsten Tiere, u. a. Schlangen wie Küstentaipane, die Großen Seewespen, Steinfische ...

3) Bei den bewohnten Kontinenten ordnet man Australien und Ozeanien als 5. und damit kleinsten Erdteil ein.

4) Der Erdteil wird gegliedert in das Festland Australien sowie Ozeanien (= Inselwelt).

5) Aus ca. 7 500 Inseln setzt sich der Kontinent A & O zusammen.

6) Die Bezeichnung bezieht sich auf die rötliche Färbung der Erdoberfläche vor allem in den Wüsten, bewirkt durch den Eisenanteil, der zu Rost oxidiert.

7) Down under (eng.) ≈ unten drunter; Australien ... liegt unterhalb des Äquators.

8) In Australien und Ozeanien bestehen durchaus krasse Gegensätze wie z. B. zwischen den Eingeborenen und den zugewanderten Europäern.

Steinfisch, Australien

Aborigine mit Didgeridoo, Australien

Viermal „Warum …?“

✶

Aufgaben:

1) *Warum werden Australien bzw. des Öfteren auch Australien und Ozeanien als „Down Under“ bezeichnet?*

2) *Warum ist in Australien und Ozeanien das Sommerhalbjahr (September bis März), während zur selben Zeit in Deutschland das Winterhalbjahr ist?*

3) *Warum leben Tiere und wachsen Pflanzen in Australien und Ozeanien, die es sonst auf der Erde in der freien Natur nicht gibt?*

4) *Warum müssen Steuerleute von Schiffen vor der Küste Nordostaustraliens sehr aufmerksam sein?*

Ausschnitt der Küste von Queensland, Nordostaustralien

KOHL VERLAG STATIONENLERNEN KONTINENTE Australien & Ozeanien – Bestell-Nr. 12 774

Viermal „Warum ...?“

Aufgaben:

1) Der Begriff „Down Under“ stammt aus der englischen Sprache und bedeutet so viel wie „unten drunter“. Wer den Globus betrachtet, sieht, dass zumindest Australien und Neuseeland quasi „unten drunter“ liegen.

2) Von September bis März ist die Südhalbkugel der Erde, auf der der Erdteil A & O fast ganz liegt, der Sonne zugeneigt und bekommt dehalb mehr Wärme. In dieser Zeit ist die Nordhalbkugel der Erde, wo Deutschland liegt, der Sonne abgewandt und erhält somit weniger Wärme.

3) Dieser Erdteil ist schon seit sehr langer geologischer Zeit von anderen Landmassen durch Wasserflächen abgetrennt. So konnten keine Landtiere und Pflanzen von anderen Landmassen selbstständig nach Australien und Ozeanien gelangen und es entwickelten sich folglich dort eine eigene Tier- und Pflanzenwelt.

4) Die Steuerleute müssen sehr aufpassen, dass sie mit ihren Schiffen nicht auf das Great Barrier Reef – ein Korallenriff – auflaufen. Es gibt nur verhältnismäßig wenige Durchgänge durch das mehr als 2 000 km lange Riff.

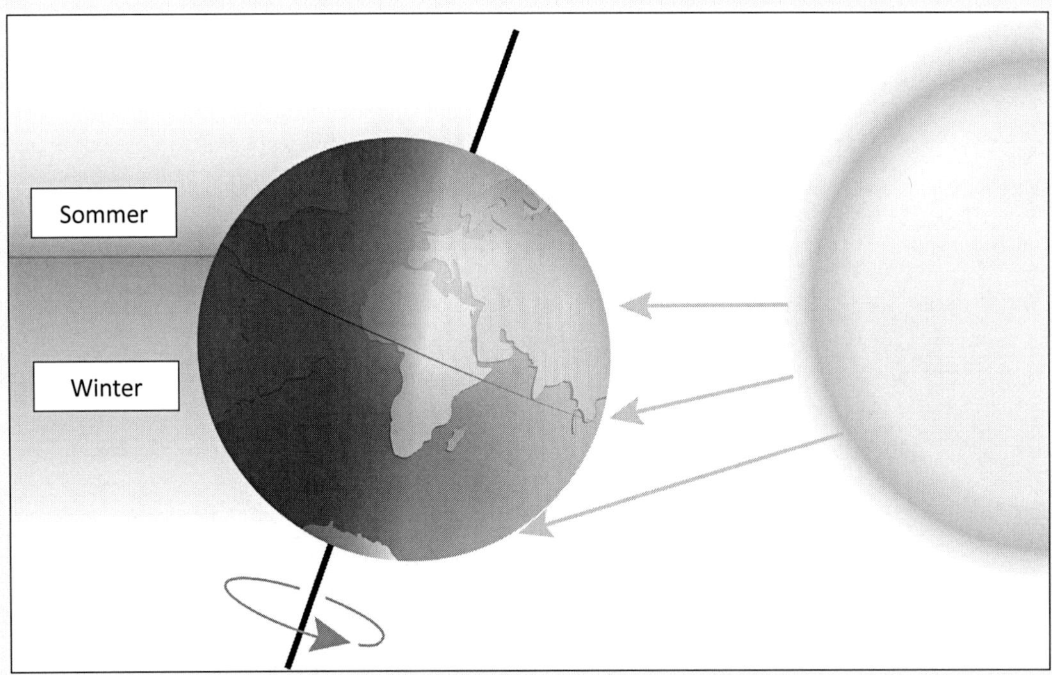

Sonneneinstrahlung bei zugeneigter Nordhalbkugel

Steckbrief eines Staates aus Australien und Ozeanien ✶

Aufgabe: *Suche dir einen asiatischen Staat aus und erstelle ein (kurzes) Porträt!*

(Kurzes) Porträt des Staates: ________________ mit dem Hauptort: ____________________

1) Flagge des Staates:

2) Umrisse des Staates (Skizze):

3) räumliche Lage des Staates:

____

____

4) Nachbarstaaten:

____

____

5) weitere (sehr) große Städte des Staates:

____

____

6) Einwohnerzahl: Flächengröße: Bevölkerungsdichte:

____

____

7) große Gebirge, hohe Berge im Staat:

____

____

8) lange Flüsse und große Binnenseen:

____

____

9) Klima(zonen), Vegetation im Staat:

____

____

10) Sehenswürdigkeiten, Besonderheiten, Sonstiges des Staates:

____

____

KOHL VERLAG STATIONENLERNEN KONTINENTE Australien & Ozeanien – Bestell-Nr. 12 774

Steckbrief eines Staates aus Australien und Ozeanien 

Lösungen

Aufgabe: Individuelle Lösungen, wie z. B.:

(Kurzes) Porträt des Staates Nauru mit der Hauptstadt Yaren

1) Flagge des Staates:

2) Umrisse des Staates (Skizze):

3) räumliche Lage des Staates:
Inselstaat im Pazifischen Ozean, fast auf dem Äquator,
Längengrad etwa wie die Westküste Neuseelands, gehört zu Mikronesien

4) Nachbarstaaten:
keine Landesgrenze,
nächstgelegene Insel ist Banaba 290 km weiter östlich, die zu Kiribati gehört

5) weitere (sehr) große Städte des Staates:
keine Städte, nur kleine Orte (= Dörfer)

6) Einwohnerzahl:	Flächengröße:	Bevölkerungsdichte:
ca. 11 000	ca. 21,1 km²	ca. 542 Einwohner pro km²

7) große Gebirge, hohe Berge im Staat:
Nauru ist ein gehobenes Atoll (Korallenstock), liegt auf der Spitze eines erloschenen, im Meer liegenden Vulkans, Nauru reicht nur 60 m über den Meeresspiegel hinaus.

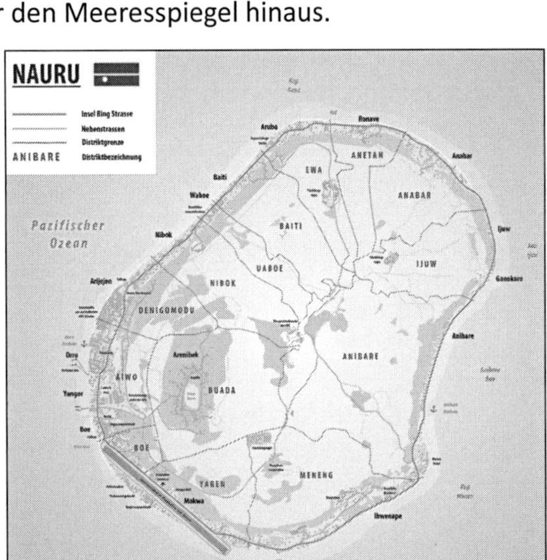

8) lange Flüsse und große Binnenseen:
keine Flüsse, jedoch kleine Kanäle

9) Klima(zonen), Vegetation im Staat:
- Tropenzone;
- alle Monate haben eine Durchschnittstemperatur von etwa 27,5 °C;
- das ganze Jahr über Niederschläge, ca. 1 900 mm pro Jahr

10) Sehenswürdigkeiten, Besonderheiten, Sonstiges des Staates:
- große gesundheitliche Probleme: weltweit gesehen pro Einwohner prozentual die höchsten Anteile an Diabetes, Nierenversagen und Herzkrankheiten;
- politisches System: parlamentarisch-demokratische Republik;
- von Bürgern kontrollierte kleine Polizeieinrichtung

KOHL VERLAG STATIONENLERNEN KONTINENTE Australien & Ozeanien – Bestell-Nr. 12 774

Wer wird Quiz-Champion? !

Fachgebiet:
Australien und Ozeanien 1

Aufgabe: *Schreibe die Buchstaben der richtigen Antworten in den Lösungsstreifen neben Antwort D.*

	Frage	A	B	C	D	Lösung
1	Aus etwa wie vielen Inseln besteht der Kontinent A & O?	ca. 2 500	ca. 5 000	ca. 7 500	ca. 10 000	
2	Ungefähr wie viel mal ist der Staat Australien (flächen) größer als die Bundesrepublik Deutschland?	fast 18-mal	fast 22-mal	fast 26-mal	fast 30-mal	
3	Wie viele Stunden beträgt der Zeitunterschied zwischen Perth (Westaustralien) und der Osterinsel?	4 Stunden	7 Stunden	10 Stunden	13 Stunden	
4	In welchem Monat beginnt die Jahreszeit Herbst in Neuseeland?	März	Juni	September	Dezember	
5	In welchem Jahrhundert fand die erste Weltumsegelung statt (durch Magellan), die auch durch den Pazifischen Ozean führte?	15. Jahrh.	16. Jahrh.	17. Jahrh.	18. Jahrh.	
6	Was gehört nicht zum Kontinent A & O?	Mikronesien	Melanesien	Polynesien	Tunesien	
7	Welche auf dem Kontinent A & O lebenden Vögel können durch die Luft fliegen?	Emus	Kasuare	Keas	Kiwis	
8	Ungefähr wie viele m ragt der höchste Berg des Kontinents A & O in die Höhe?	fast 3 900 m	fast 4 400 m	fast 4 900 m	fast 5 400 m	
9	In welchem Staat ist ein König das Staatsoberhaupt?	Tonga	Papua-Neuguinea	Fidschi	Vanuatu	
10	Welche Insel wird als „Insel der Paradiesvögel" bezeichnet?	Tasmanien	Neuguinea	Nauru	Hawaii	

Lösung Australien und Ozeanien 1: C B D A B D C C A B
1 2 3 4 5 6 7 8 9 10

Wer wird Quiz-Champion? !

Fachgebiet:
Australien und Ozeanien 2

Aufgabe 1: *Schreibe die Buchstaben der richtigen Antworten in den Lösungsstreifen neben Antwort D.*

	Frage	A	B	C	D	Lösung
1	Zu welchem Staat gehört die Pitcairninseln?	USA	Chile	Frankreich	Großbritannien	
2	Maoi – was sind das?	Statuen auf der Osterinsel	Ureinwohner Neuseelands	ausgestorbene Vögel	Ablagerungen von Gletschern	
3	Welches Land besaß die meisten der heute unabhängigen Staaten in A & O?	Frankreich	Großbritannien	USA	Deutschland	
4	Welcher Kontinent gehört neben A & O noch zu den beiden niedrigsten?	Antarktika	Afrika	Europa	Amerika	
5	Welcher Staat/Bundesstaat hat keinen Berg, der über 3000 m hinaus ragt?	Australien	Indonesien	Hawaii	Neuseeland	
6	Welcher Kontinent gehörte nicht früher zur Landmasse Laurasia?	Mittel-amerika	Europa	Asien	Afrika	
7	Welcher Anteil der Fläche Neuseelands ist nur noch von Wald bedeckt?	10 %	20 %	30 %	40 %	
8	Welche Tiere leben heute nicht in Neuseeland?	Hamilton-Frö-sche	Moas	Keas	Kiwis	
9	Wie groß ist etwa die durchschnittliche Bevölkerungsdichte des Kontinents A & O?	5 Einw./km^2	6 Einw./km^2	7 Einw./km^2	8 Einw./km^2	
10	Was war Papua-Neuguinea nie?	Treuhandgebiet der UN(O)	teilweise Deut-sche Kolonie	Teil von Indonesien	unabhängig	

Lösung Australien und Ozeanien 2: D A B C A D B B A C
1 2 3 4 5 6 7 8 9 10